# MARX, Ô MARX, POURQUOI M'AS-TU ABANDONNÉ ?

Du même auteur

**Essais**

*Des économistes au-dessus de tout soupçon, ou la grande mascarade des prédictions*, Albin Michel, 1990
*Les Sept Péchés capitaux des universitaires*, Albin Michel, 1991
*Jacques Delors, artiste et martyr*, Albin Michel, 1993
*Ah Dieu ! Que la guerre économique est jolie !* (avec Ph. Labarde), Albin Michel, 1998
*Keynes ou l'économiste citoyen*, Presses de Sciences-Po, 1999
*La Bourse ou la Vie. La grande manipulation des petits actionnaires* (avec Ph. Labarde), Albin Michel, 2000 ; Le Livre de poche, 2001
*Malheur aux vaincus. Ah, si les riches pouvaient rester entre riches...*, Albin Michel, 2000
*Antimanuel d'économie*, t. I, « Les fourmis », Bréal, 2003
*Antimanuel d'économie*, t. II, « Les cigales », Bréal, 2006
*Petits principes de langue de bois économique*, Bréal et Charlie Hebdo, 2008
*Capitalisme et pulsion de mort*, avec Gilles Dostaler, Albin Michel, 2009 ; rééd. Pluriel, 2010

**Romans**

*Pertinentes Questions morales et sexuelles dans le Dakota du Nord*, Le Livre de poche, 2003
*L'enfant qui voulait être muet*, Albin Michel, 2003
*Le Journal*, Le Livre de poche, 2005

Bernard MARIS

# MARX, Ô MARX, POURQUOI M'AS-TU ABANDONNÉ ?

Champs actuel

ISBN : 978-2-0812-8639-9

J'irai jusqu'à détruire des mondes
Puisque je n'en puis créer aucun
Puisqu'ils n'écoutent pas mon appel
Et qu'ils tournent muets par un
[décret magique

K. M., poésie

Or donc l'union avec le Christ accorde l'élévation intérieure, la consolation dans la souffrance, la confiance paisible et un cœur ouvert à l'amour des hommes, à tout ce qui est noble, à tout ce qui est grand, non par ambition, non par soif de gloire, mais par amour du Christ. Or donc l'union avec le Christ procure une félicité que l'épicurien cherche en vain à posséder dans sa philosophie superficielle, et le penseur le plus profond dans les recoins les plus cachés de son savoir.

K. M., composition du baccalauréat

À la neuvième heure, Jésus clama à grande voix : *Eloï, Eloï, lama sabacthani,* ce qui veut dire : Mon Dieu, mon Dieu, pourquoi m'as-tu abandonné ?

Évangile selon saint Marc, XV, 34

# I

# Il était temps d'en finir

> Le discours philosophique est l'une des formes les plus vicieuses, voire pathologiques, de l'aliénation humaine.
>
> K. M.

## 1

Il était temps d'achever *Le Capital.* L'œuvre de Marx relue et définitivement digérée, le genre humain disposera avec les lignes qui suivent d'un outil de réflexion sur sa condition. Il est peu de dire qu'elles sont révolutionnaires, comme le furent la théorie de la relativité dans le monde de Newton et la naissance de Harry Potter dans celui du Petit Prince.

## 2

Marx avait conçu dès 1844 le plan d'une *Économie* à publier par livraisons, sous forme de « cahiers » et de « livres », et qu'il avait divisée en six rubriques : « Le capital », « La propriété foncière », « Le travail salarié », « L'État », « Le commerce extérieur », « Le marché mondial ».

*Le Capital* n'est donc que la première rubrique. Encore faut-il ajouter que seul le premier livre du *Capital* vit le jour de son vivant, et qu'Engels édita les livres II et III du *Capital* à partir de brouillons et d'inédits. Les inédits de Marx dépassent largement, en volume, ses publications. Malgré les innombrables exégèses, critiques, récupérations, déformations, éloges, colloques, articles, livres, commentaires et bavardages que suscite l'œuvre de Marx, et particulièrement son *Capital* inachevé, rien jusqu'à aujourd'hui n'a été proposé qui la parachève.

3

Il fallait en finir, car se manifeste à l'heure de la deuxième et dernière mondialisation – si la première fut celle de Christophe Colomb –, dans les chaumières et sous les cartons des bidonvilles, un grand besoin de compréhension du monde afin d'accéder, sinon au paradis sur terre, à la froide contemplation de l'enfer engendré par l'homme. Marx pensait mettre le point final à son travail en traitant précisément de la mondialisation dans sa dernière rubrique : « Le marché mondial ».

4

Cependant, dans ce livre, quelques phrases volontairement mystérieuses ou de *dangereuses citations* ne pourront être décryptées que par l'élite provisoire capable d'amener les masses à la joie de l'émancipation, élite qui, conformément à la prédiction marxiste, se sabordera aussitôt avec la dernière rotation de la roue de la Révolution ; phrases à jamais illisibles pour les leaders, petits chefs et autres aspirants au gouvernement des hommes qui peuplent les partis se réclamant des lendemains qui chantent (ou déchantent, c'est selon) ; ou pour les dirigeants des entreprises désormais vertes et sans gaz à effet de serre, qui voudraient les utiliser pour payer des publicitaires ou des intellectuels – mots assez proches – afin de maintenir dans l'obscurité du « green labor » les masses précisément laborieuses.

5

Karl a connu la souffrance. Il entreprend *Das Kapital* à 37 ans mais en paraît beaucoup plus. Sa barbe est blanche. Il souffre perpétuellement des dents, du foie. Il est mal dans sa peau. Un ulcère le ronge. Il saigne. Il a de la conjonctivite. Il se gratte, boit et fume. Il attrape une hépatite, et, entre deux nuits blanches passées à la bibliothèque, engrosse sa bonne. Il est sans ressources. Personne ne lit ses textes. Ses filles (deux se suicideront) travaillent comme des négresses pour lui. Il vit à l'étroit. Il a froid. L'ambiance de son foyer n'est pas bonne. Au plus fort de ses démangeaisons, il redresse la tête et entreprend d'écrire *Le Capital*. Cela prend vingt ans. Enfin, le 29 avril 1867, des presses de l'imprimerie d'Otto Wigand à Leipzig sort le premier volume du *Capital*.

6

*Le Capital* est destiné à détruire le capitalisme, tout simplement. C'est un instrument de lutte, ainsi le conçoit Karl, qui entend mettre en relief les lois qui le détruiront : la baisse tendancielle du taux de profit, la prolétarisation du monde, la surproduction et la crise généralisée, et d'autres lois.

7

À défaut de révolution, sachant que « le monde est né sans l'homme et finira probablement sans lui » (Lévi-Strauss), l'homme émancipé et passionné de chaque instant dont rêvait Marx se doit de jouir de sa fin dans la nature agonisante qu'il a dénaturée à son image. Que l'achèvement ici proposé soit pour lui une douce morphine.

# II

# Rarement l'homme aspire au bien

> Tous les hommes cherchent le bonheur, même ceux qui vont se pendre.
>
> Pascal

> L'homme est un être aliéné, séparé de l'homme réel.
>
> K. M., *Économie*

## 1

Toujours l'homme aspire au bonheur, mais rarement il aspire au bien. Qu'il doive sa méchanceté à sa nature comme le pense Freud (auquel cas la Société, la Culture et la Civilisation sont là pour le calmer) ou qu'il la doive à la Société alors qu'il est naturellement bon, comme le rêvent Rousseau ou Lévi-Strauss, ne change pas grand-chose à l'affaire : il est mauvais, et dès qu'un de ses congénères passe à sa portée, il est tenté de le rouler, de l'exploiter, de l'humilier, d'abuser sexuellement de lui, voire de le tuer ; parfois aussi, assez curieusement, lorsqu'il se noie, de lui tendre la main.

## 2

L'homme est un animal social. Un enfant à qui l'on interdit tout contact avec le langage humain, même s'il est convenablement nourri par ailleurs, finit par mourir : Frédéric de Hohenstaufen en fit l'expérience, qui voulut faire élever douze enfants par des muettes et crut que les enfants parleraient naturellement hébreu si quiconque ne leur disait un mot. Tous moururent. Les enfants-loups ont eu, même brève, une existence sociale avant d'être abandonnés. L'homme est donc condamné à vivre avec les siens. Avec eux il pratique l'échange par trois moyens : la marchandise, la parole et le sexe. Les trois sont inextricablement liés. L'homme laborieux sublime des pulsions sexuelles et morbides, les marchandises sont des symboles, des marques et des paroles qui l'incarnent, le réifient, le cristallisent, l'aliènent tout simplement. Mais surtout les hommes parlent. La possibilité qu'a le cerveau de fabriquer des concepts à l'infini et de les organiser dans des phrases est la spécificité de l'humanité.

## 3

Marx vécut pauvre et dans le besoin. Malgré sa vie compliquée et bien qu'il eût été un chef d'organisation, il se considérait fondamentalement comme un rhéteur. Ses études et ses professions l'attestent : philosophe, journaliste, homme politique, écrivain. En vérité, il était un « bouffeur de livres » : « Je suis une machine à dévorer les livres pour les jeter ensuite, dans une forme changée, sur le fumier de l'histoire [1]. » Cette ingestion forcenée destinée au fumier fait de Marx lui-même une métaphore de la machine capitaliste, qui mange, transforme,

1. Lettre à sa fille Laura Lafargue, 11-4-1868.

et rejette en ordure. Le capitalisme est une civilisation de l'agitation, du bruit, du déchet et de la pollution – avec quelques havres de paix, comme la bibliothèque du British Museum, où Karl prenait furieusement des notes. Et ces notes étaient des notes d'économie. Karl Marx ne souhaitait que l'abolition de ce qui fait notre vie de tous les jours, avec ses lancinantes chansons sur la croissance, l'emploi et le reste : l'économie. « L'humanité se situe en dehors de l'économie politique, l'inhumanité audedans [1]. » Tout ce qui est économique est inhumain. Tout ce qui est inhumain relève de l'économie. L'économie est le domaine de l'horreur et de l'inhumanité. L'homme naît lorsque meurt l'économie.

## 4

Quarante ans durant Marx étudia l'économie politique, ce qui donnera le vertige à quiconque a côtoyé quelques mois cette discipline absconse. Très vite, il jugea qu'il n'existait pas d'être plus abominable sur terre que l'économiste. L'économiste : le producteur de théories et de discours savants sur la production, l'échange, le commerce, la dette, le travail, le chômage, la finance. Au mieux l'économiste n'est qu'un escroc, un bonimenteur qui cache sous ses boniments, en général compliqués, le dessein imposé par ses maîtres, maintenir les hommes dans l'asservissement. Au pire, il est le policier ou le prostitué du capital. L'économie n'est pas, ou ne l'est qu'accessoirement, la science de la production, de la répartition et de la consommation des richesses, mais le chant grégorien de la soumission des hommes. La « loi économique » est le scalpel des experts équarrissant les

1. *Économie*, notes de lecture, in *Œuvres*, t. II, Gallimard, Pléiade, éd. M. Rubel.

muscles et les cerveaux des hommes pour la moulinette de la production. Elle est la théorie de l'ordre dominant, la science de l'esclavage. La haine des économistes a porté Marx mieux qu'une vague, dès son plus jeune âge, dès les *Manuscrits de 1844*, dès *Misère de la philosophie* et *Travail salarié et capital*. Les prêtres et les philosophes ne sont guère respectables non plus, dans leur effort perpétuel pour maintenir l'homme sous le joug, et la question de savoir si Marx méprise les philosophes plus que les économistes reste ouverte ; et les philosophes marxistes sont aussi méprisables que les autres. *Lire le Capital*, un ouvrage commis sous la direction d'Althusser par quelques puceaux branloteurs de l'École normale, Balibar, Establet, Macherey et Rancière, n'a pour objet à peine dissimulé que de vous dégoûter de lire *Le Capital*. Quiconque a feuilleté cette chose n'osera jamais ouvrir directement aucun texte de Marx, alors que celui-ci rêvait que ses exposés fussent suffisamment clairs pour la classe ouvrière – et ils le sont.

## 5

L'économie, disaient les premiers économistes, est la science du mal et du malheur, la *dismal science*, la « science sinistre », parce que sinistre était le destin auquel conduisaient le capitalisme et le libéralisme qu'ils défendaient. Pour Ricardo et Malthus, ce destin était celui d'une humanité totalement paupérisée, abrutie et violente, gagnant à peine de quoi survivre, soumise à tous les fléaux de la terre : surpopulation effrayante, pandémies, disettes, manque d'eau, violence et guerres, tandis qu'une minorité de rentiers consommait des superprofits, et qu'une classe dite des « entrepreneurs capitalistes » maintenait tant bien que mal leurs activités de superchefs d'atelier. Fatalistes, Ricardo et Malthus prévoyaient, comme aboutissement de l'histoire, un équilibre définitif dans le malheur. La bidonvillisation du monde et la marchandisation inéluctable désormais de l'air qu'on respire semblent leur donner raison. Marx pensait au contraire que cette paupérisation croissante émanciperait les hommes.

## 6

Les économistes ne sont pas démocrates, comme les savants souvent, qui ont toujours apprécié que les dictatures leur foutent la paix pour macérer dans leurs recherches, bidouiller leurs éprouvettes et y chercher, au sommet de tours d'ivoire fermées aux miasmes du monde, les lois de ce même monde. Les économistes pensent qu'il existe une « nature des choses » qui fait que les hommes sont dans la « loi de la jungle » et que les forts mangent les faibles ; qu'une « nécessité » et des lois immanentes aliènent leur liberté. La « concurrence », la lutte pour les salaires, le travail, la survie des entreprises, l'élimination des faibles sont autant de manifestations de la nécessaire loi du marché. Le concept de « marché » lui-même relève de la nature des choses. Les « forces du marché », la « loi de l'offre et de la demande » sont naturelles, participent de l'essence de la condition humaine. S'il en est ainsi, les hommes sont soumis à l'économie comme à la loi de la pesanteur et au retour du soleil le matin et du désespoir le soir. Les économistes pensent qu'il faut soumettre les hommes aux lois de l'efficacité économique. À travers la croissance chinoise, c'est la dictature qu'ils révèrent aujourd'hui. Ils ont inventé le concept d'« efficacité économique », et celui, jumeau, de « dictateur bienveillant ». Le dictateur bienveillant, pour le bien des hommes, crée des marchés, abolit des taxes et des frontières, généralise le commerce et favorise la mobilité du travail et du capital. La Commission européenne est une bonne image du « dictateur bienveillant ». Marx veut libérer l'homme de l'économie.

## 7

La dictature politique, la violence et le capitalisme ont toujours fait bon ménage, contrairement à ce que chantent les économistes avec leurs théories du « doux commerce ».

## 8

Marx haïssait la dictature, bienveillante ou non. Il est un grand démocrate, un démocrate réel – sinon comment croire à l'émancipation du peuple ? Il ne voit rien de « naturel », aucun ordre des choses dans ce dont parlent les économistes. Tout est fabriqué par eux, comme un voile posé sur les yeux des souffrants. Les économistes sont les jésuites de la religion des exploiteurs. L'un des économistes qu'il méprise le plus (en fait, il les méprise tous, sauf peut-être Ricardo – « une forte tête » – et Mill) est Malthus, à cause de sa « loi naturelle de la population ». Cette « loi » voudrait que l'humanité crût avec les ressources, comme les souris croissent et grouillent avec le fromage. Que le capitalisme conduise les hommes à proliférer et à surexploiter toute la terre, à pulluler les années de vaches grasses et à disparaître celles de vaches maigres est une chose ; qu'il y ait une loi naturelle de leur prolifération, une autre. Le « prolétaire », étymologiquement celui qui n'a de richesse que sa progéniture, n'assouvit que la seule bestialité de ses instincts du seul fait de sa condition de prolétaire. La prolifération des pauvres est une bénédiction pour le riche qui n'aspire qu'à les saigner, tandis qu'il vit isolé dans son île, entouré de policiers choisis parmi les pauvres.

9

À la racine du malheur humain se trouve la propriété privée. Il n'existe pas d'économie politique sans propriété privée. Dans les systèmes précapitalistes, la terre est le facteur de production dominant, et celle-ci est inaliénable, seulement transmissible par hérédité. Que peut faire le serf face au seigneur sinon attendre la corvée, et la serve le cuissage ? Propriétaires et esclaves, propriétaires et serfs, propriétaires et ouvriers... Après avoir mercantilisé la Terre, le Travail et l'Argent, les trois biens que la vieille société mettait jalousement à l'écart du marché, le capitalisme a inventé une forme de propriété nouvelle, transmissible, et dont la croissance semble infinie : l'action de la société anonyme, la société par actions. Face à elle, extensible à l'infini comme l'actif toxique dans la bulle du crédit, la soif du gain n'en est pas moins âpre... Par l'action de la société anonyme, que chacun peut acquérir, le capitalisme semble mettre fin à l'hérédité. Certes, les fils de patrons deviennent patrons, les fils d'énarques, énarques, et les enfants de Johnny Hallyday, chanteurs – hélas. Mais la grande victoire du capitalisme est d'avoir inventé le leurre de la « croissance de la propriété ». La terre est partagée, le sous-sol aussi, on se doute que l'eau le sera bientôt, mais le nombre des actions d'Apple peut augmenter à l'infini, et derrière, imagine-t-on, le nombre d'écrans plats, d'iPod ou d'iPad disponibles. Le capitalisme est le moment de l'extension infinie de l'aliénation par la dictature des objets. L'argent, équivalent général de tous les objets, est ce qui peut croître à l'infini.

10

Les économistes prennent pour base des moyennes. Depuis Ricardo, souligne Marx, ils éliminent les aléas de la vie par la loi des grands nombres, les lois de la macroéconomie sont des lois de masse, des grands nombres. Cela leur permet de généraliser. « Mais ces moyennes qu'est-ce qu'elles prouvent ? que l'on fait de plus en plus abstraction des hommes, que l'on s'écarte de plus en plus de la vie réelle, et que l'on ne considère que le mouvement abstrait de la propriété matérielle, inhumaine. *Les moyennes sont de vrais outrages infligés aux individus réels*[1]. »

11

Le PIB, le produit intérieur brut, est un outrage infligé aux hommes.

12

Mesure-t-on l'ignominie d'une notion qui se targue de mesurer le bonheur humain (plus le PIB augmente, plus tu es content) ? Ressent-on l'infamie des hommes de la statistique, experts, financiers et journalistes infiniment commentateurs de la croissance ou du niveau des exportations ? Au lieu de vie, ces gens ânonnent des chiffres à des oreilles qui sont devenues sensibles à des décimales après la virgule. L'homme n'est plus

1. Souligné par Marx in *Économie et philosophie*, « Notes de lecture », in *Œuvres*, t. III, p. 35,.

qu'un chiffre dans un tableau, un taux d'accidents de la route en baisse ou de suicides en hausse, une machine à parler de la croissance qui croit donner son opinion et un mort qui croit voter. « Ils ne sont que des chiffres dans des graphiques que dressent des imbéciles » (G. Debord, *In girum imus nocte et consumimur igni*).

## 13

Cette perpétuelle comptabilité du néant a connu un moment d'euphorie puis de panique lors de la crise financière de 2007, où des actifs toxiques mesurant la « valeur » virtuelle d'immeubles se sont retrouvés rapidement effacés des disques durs d'ordinateurs. Ainsi, ce qui valait des milliards un jour valait autant de larmes le lendemain. Ne plus pouvoir se passer de chiffres que personne ne croit est la marque d'une société qui tolère qu'à heures fixes on vienne égrener les cours de la Bourse pour ceux qui n'ont pas d'actions. L'État et le marché pensent l'homme moderne comme moyenne, preuve « de la décadence démocratique, fille du nombre et de la quantité » (Thierry Maulnier). L'incapacité d'imaginer l'homme autrement que comme une moyenne, enserré dans un échantillon avec sa distribution de fréquence, son mode, sa médiane et ses seuils de fiabilité, l'appel incessant au camouflage de la pensée par les sondages, traduisent aussi la monétarisation de la vie, l'obligation qui nous est faite de la mesurer et de la comparer, avec, au bout du compte, l'étalon universel : l'argent. La statistique est le masque mortuaire de « l'homme changé en argent et de l'argent incarné en homme [1] ». La statistique économique est une tenue

1. *Économie et philosophie*, « Notes de lecture », in *Œuvres*, t. II, p. 21.

camouflée, mais peut être un pistolet posé sur la nuque : quand je sors mes statistiques, je sors mon revolver et mon bâillon. Je t'oblige au silence, autrement dit à d'autres statistiques.

14

« Les fabuleuses statistiques continuaient à sortir des télécrans » (Orwell, *1984*).

15

Pourtant, Marx utilisa sans cesse de grandes catégories, les propriétaires, les capitalistes, les prolétaires, les rentiers. Il ne dédaigna pas les chiffres, loin de là, ni la *massification* de la société en grandes classes. Jamais les statistiques ne furent pour lui un indice humain quelconque, de bonheur ou de malheur, mais des armes pour lutter contre les producteurs de statistiques. Ces statistiques concernent en général les deux catégories de « sous-hommes », ou, mieux d'« inhumains » qui peuplent la terre capitaliste : les capitalistes et les prolétaires.

16

Pour transformer les hommes en humains, Karl veut découvrir les vraies lois de l'économie politique, au-delà de celles des « économistes vulgaires », ces casuistes, prêtres et policiers de l'âme, ces gardiens de prison ou d'asile, gardiens du camp de l'*aliénation* — cet étrange état de dédoublement psychique, qui fait que les individus sont séparés de leur être, leur être réel et social. Ainsi les hommes « perdent leur vie à la gagner ». Comment ?

Comment les hommes perdent-ils leur vie en accroissant les richesses ? Tel est le grand mystère que va lever *Le Capital. Le Capital* est plus qu'un ouvrage d'économie politique, heureusement, mais est surtout un ouvrage d'économie politique.

III

# Les lois de l'économie

> Le travail est le père, la terre la mère de la richesse.
>
> William Petty, cité par Marx

> La valeur semble avoir acquis la propriété occulte d'enfanter de la valeur, parce qu'elle est valeur, de faire des petits ou du moins de pondre des œufs d'or.
>
> K. Marx, *Le Capital*

## 1

Qu'a découvert Marx en économie ? Maximilien Rubel (1905-1996), qui a édité une partie de l'œuvre de Marx dans quatre tomes de la Pléiade, propose plusieurs découvertes :

– La dévalorisation progressive du capital
– La plus-value synthèse du profit, de la rente et de l'intérêt
– Le travail comme valeur d'usage et d'échange
– La baisse tendancielle du taux de profit
– La théorie de la valeur-travail
– La composition organique du capital. Le travail comme capital variable et capital fixe, capital fixe et circulant

– La transformation de la valeur en prix
– Le profit et l'exploitation
– L'existence de la rente absolue
– Les formes de la propriété
– La forme marchandise.

2

Liste aussi intéressante qu'arbitraire. « La transformation de la valeur en prix », par exemple, est une question qui a obsédé les économistes de culture marxiste dans les années 1960, et n'a, au fond, pas grand intérêt. C'est une question économique (au sens où l'entend l'économiste ordinaire) qui ne mérite pas tant d'honneur : il s'agit de savoir comment on peut passer des quantités de travail incorporées dans les marchandises, directement (la sueur directe et les heures de travail de l'atelier) ou indirectement (à travers les machines qui sont elles-mêmes du travail cristallisé), aux prix relatifs des marchandises vendues sur le marché. Les économistes libéraux ignorent cette question, parce que pour eux les prix sur le marché sont le résultat de la loi de l'offre et de la demande, et que l'offre et la demande dépendent des besoins et des envies, et que ceux-ci dépendent du Saint-Esprit, en tout cas de quelque chose d'immanent à quoi sont soumises leurs préoccupations de petits fayots d'économistes obsédés de libre-échange et d'efficacité.

3

Pour Marx, le Saint-Esprit s'appelle les modes de production, les conditions de production, l'histoire, le développement des forces productives, notions qui, pour la dernière au moins, sont à peine moins générales que le

Saint-Esprit. Mais le premier travail du scientifique est d'oublier le Saint-Esprit. La découverte de Marx, en l'occurrence, est que derrière les prix il y a du travail, et que *ce travail sert à reproduire des hommes.* L'approuvent : 1) toute la classe capitaliste ; 2) tous les hommes politiques qui défendent les capitalistes. Une belle armée. « Travailler plus pour gagner plus », par exemple, est sinon une formulation marxiste, en tout cas une formulation de la valeur-travail. Tout capitaliste digne de son compte en banque sait bien qu'il lui faut du travail et de la sueur s'il veut du profit, et que ce n'est pas en planquant des louis d'or sous un matelas avant de dormir dessus qu'il augmentera son bien.

## 4

La valeur-travail est au cœur de l'édifice marxiste. Mais elle était au cœur aussi des écrits de Smith, William Petty, Ricardo, Malthus, James et John Stuart Mill et autres Senior, économistes parfaitement libéraux et peu préoccupés de la misère humaine (à l'exception de Mill, sympathique amoureux de la Provence et qui y repose). Marx a simplement poussé la théorie de la valeur-travail à son terme, en lui ajoutant la notion de « plus-value », révolutionnaire, terriblement subversive. C'est pourquoi, après Marx, tous les économistes libéraux jusqu'à nos jours n'ont eu de cesse de détruire la théorie de la valeur-travail concoctée par leurs grands ancêtres, et notamment par Smith, le père de la « division du travail ». Au fond, tous les économistes et hommes politiques de droite savent qu'au cœur de la valeur il y a le travail. Lorsque Milton Friedman – paix à ses cendres ultralibérales – dit « Rien de neuf depuis Adam Smith », il a raison, dans la mesure où celui-ci a inventé la division du travail et la valeur-travail. Mais lui, comme les autres, nie la valeur-travail, comme il nie l'existence de l'argent, ou de la monnaie – lui, le grand théoricien libéral de la monnaie ! –, autres concepts éminemment subversifs et manipulés avec bonheur par Marx. Il peut paraître incongru de dire que les économistes nient l'argent ; c'est pourtant vrai. En matière de production et d'échange, disent-ils, la monnaie est *neutre,* elle n'a pas d'incidence sur la production, l'échange, et la valeur des objets. Il faudra attendre Keynes pour qu'une telle aberration mentale soit rejetée, et que la monnaie recommençât d'exister. Keynes, qui n'aimait pas Marx, avoue évidemment, à la fin de sa *Théorie générale,* que la seule théorie de la valeur acceptable est celle de la valeur-travail.

5

Aucun économiste aujourd'hui ne se déclarerait tenant de la « valeur-travail ». Le faire est aussi mal élevé que manger les coudes sur la table ou s'avouer marxiste. Et pourtant Warren Buffett, milliardaire et spéculateur, considéré tantôt comme l'homme le plus riche du monde, défend farouchement la valeur-travail, et pour cause : « Tout ce que j'ai gagné, je le dois à 10 % à mon génie, et à 90 % au travail des autres. » Il exagère. C'est à 99 % qu'il le doit au travail des autres. Buffett a redécouvert la notion de travail social.

6

La division du travail est un autre concept qui fascinera Marx. Peut-être même est-il au cœur de sa pensée. Le communisme, « ce moment où nos productions seraient autant de miroirs où nos êtres rayonneraient l'un vers l'autre[1] », sera bâti sur l'abolition de la division du travail. Les économistes « modernes » nient également la division du travail, qu'ils assimilent à la « technique », ou à la « science », donnée surnaturelle qui tombe du ciel comme la manne et s'impose à leurs idioties spéculatives avec le progrès, le droit, et l'amant de leur femme.

## 7

Marx, lui, a simplement découvert « la loi du mouvement naturel de la société ». Dans la dialectique marxiste, tout concept ou toute chose contient son contraire. « De nos jours, toute chose paraît grosse de son contraire. La machine possède le merveilleux pouvoir d'abréger le travail et de le rendre plus productif : nous la voyons qui affame et surmène les travailleurs. Par l'effet de quelque étrange maléfice du destin, les nouvelles sources de richesse se transforment en sources de détresse. Les victoires de la technique semblent être obtenues au prix de la déchéance morale. À mesure que l'humanité se rend maître de la nature, l'homme semble devenir esclave de ses semblables et de sa propre infamie[2]. » La contemplation désormais en direct de la dévastation du monde et d'une large misère, tempérée par le succès de quelques millions de Chinois et d'Indiens qui, au-delà de leur grouillement, aspirent à vivre un peu plus vieux pour crever exténués – comme les gens du Nord – dans des embouteillages, et d'ailleurs y crèvent déjà, donne une triste acuité à cette lettre écrite par Marx à Londres il y a plus de cent cinquante ans. Est-il vrai que le monde se paupérise ? Marx en était

1. *Ibid.*, « La production humaine », in *Œuvres*, t. II, p. 33.
2. Lettre à Engels datée du 10 avril 1856.

convaincu. Le sens de l'histoire est celui d'une « prolétarisation » et de l'émancipation de la classe ouvrière. Car la loi du capitalisme est de ruiner la terre et les hommes. C'est cette loi, la « loi du mouvement naturel d'une société », que proposent aux lecteurs les écrits de Marx, en particulier *Le Capital.* Bien entendu, cette loi se décompose en d'autres lois ou théories économiques – comme la plus-value, la baisse tendancielle du taux de profit, la loi de la concentration de l'industrie, la loi des crises cycliques et décennales du capitalisme.

## 8

La « loi du mouvement naturel de la société » est magnifiquement exposée dans *Le Manifeste du parti communiste,* texte de 1848 qui reste d'une verdeur et d'une force réjouissantes. Cette loi est celle de la marchandisation et de la prolétarisation du monde. La roue de l'histoire et l'accumulation du capital écrasent toutes les hiérarchies et toutes les lois et coutumes de la vieille société et soumettent tous les hommes, tous les métiers, les corporations, les castes, les classes à la loi de l'argent et du marché. Toutes les vieilles relations d'honneur, d'amitié, sentimentales ou humaines, sont noyées dans « les eaux glacées du calcul égoïste ». L'homme est un animal grégaire. L'échange dissout cette grégarité. Le communisme sera un retour au collectif, mais non à l'instinct grégaire, à l'abrutissement de la « foule solitaire » qui peuple les métros. (La manufacture a cassé le rythme éternel des champs et inventé le chronomètre. Elle a laïcisé le temps, qui n'appartenait qu'à Dieu. Depuis, l'homme court après le temps, et sans doute après l'éternité, après Dieu, autrement dit.)

9

Le capitalisme est ce bref moment, dans les derniers douze mille ans de l'histoire de l'humanité – depuis que les hommes sont sédentaires –, de la marchandisation des corps et des âmes. Il est le moment d'une production de masse qui utilise des travailleurs productifs, c'est-à-dire des travailleurs qui produisent du capital physique, fixe et circulant. Le travailleur productif produit des machines et aussi des travailleurs comme lui, en les nourrissant, et fait des enfants prolétaires, autrement dit du futur capital circulant. Le capital circulant (les hommes) et le capital physique (les machines) valorisent le capital argent des propriétaires.

10

Le capitalisme est aussi ce bref moment de l'histoire où les hommes sont productifs. Le jardinier d'une entreprise est productif, le jardinier qui travaille directement pour un consommateur, improductif. Le tailleur privé est improductif, le tailleur de la grande entreprise qui travaille douze heures et n'est payé que six est productif. L'artisan est improductif, car il ne fait que se reproduire sans passer par l'exploitation du travail. Il est proche de l'autoconsommation, de l'autarcie, sa production équivaut à sa consommation, il ne génère pas de plus-value. Aucun capitaliste ne produit pour consommer son produit.

11

La consommation improductive, l'achat de tableaux de maîtres par exemple, ne concourt pas à la reproduction de la force de travail bénéfique à l'augmentation du capital, par le biais de l'exploitation, de la paupérisation et de l'aliénation. La consommation improductive relève « de produits extrêmement nuisibles qui ne font qu'assouvir les passions les plus misérables », dit Marx qui décrit le propriétaire comme un « fainéant jouisseur ».

12

« Quand j'embauche un ouvrier je m'enrichis, quand j'embauche un domestique je m'appauvris » (Adam Smith).

13

Parfois l'improductivité produit la productivité : un criminel produit le crime, le traité de droit criminel, le juge, le professeur de droit, le policier, les serrures et les portes renforcées, et il brise la monotonie de la vie bourgeoise ; en ce sens « il stimule les forces productives [1] ». Au bout du compte, est productif ce qui stimule les forces productives. Le droit social est un nouveau moment du droit des forces productives par rapport au simple droit pénal. Autrefois, le maître était « cru sur parole pour la quotité des gages échus et à venir » (article 1641 du Code Napoléon). Autrefois, la grève était un délit pénal. Aujourd'hui, l'inspecteur du travail met son nez dans ces affaires. Le droit (superstructure) a évolué avec les forces productives (infrastructure). La *croissance des forces productives* est une autre forme de la loi fondamentale du capital.

14

Non seulement le travail évolue, mais le capital aussi. Le capital marchand, du grand commerce prédateur et

1. *Économie*, in *Œuvres*, t. II, p. 400.

corsaire des anciens, et le capital usuraire sont des formes antédiluviennes du capital. Mais l'usure, la vampirisation de la plus-value du petit artisan ou du paysan, vampirisation jusqu'à l'appropriation de l'endetté, vendu comme esclave, ou du propriétaire, chassé de ses terres, furent bénéfiques : « Des Juifs, des Lombards, des usuriers, des extorqueurs furent nos premiers banquiers, nos premiers trafiquants de monnaie, individus presque marqués d'infamie… Une clique malfaisante, des usuriers rapaces, des extorqueurs impitoyables » (D. Hardcastle [1]). Non, une clique bienfaisante, reprend Marx ! L'usurier liquide le vieux mode de production des seigneurs féodaux et des paysans. Et, de la même manière, les usuriers modernes que sont nos *hedge funds* et nos prêteurs à conditions extravagantes (du 20 % de *rate of return,* « taux de rendement ») sont des inventions admirables achevant de prolétariser les classes moyennes d'Europe et d'Amérique qui avaient cru s'élever quelques secondes au-dessus de leur condition de prolétaires. En faisant le jeu du Chinois et de l'Indien, en faisant pression sur le patron de PME français obligé de délocaliser, en mettant à la rue les salariés de Michelin ou de Continental, le financier moderne pousse en avant la lourde roue du capital qui écrase et prolétarise l'humanité.

## 15

« L'artisan est à demi artiste », dit Marx, mais l'ouvrier n'est rien. La manufacture s'installe là où les corporations n'ont pas d'action, à la campagne. Elle utilise du travail peu qualifié. Et elle produit pour le grand commerce extérieur (Barcelone, Venise, Gênes…). Limités par les corporations et la hiérarchie des métiers, les anciens,

1. Cité par Marx in *Le Capital*, livre III, 5$^{e}$ section, p. 1284.

« qui n'ont jamais su dépasser le niveau artistique propre à la ville », n'ont jamais pu parvenir à la grande industrie et à la production de masse, qui impliquent la mécanisation et l'utilisation massive du travail issu des campagnes : la transformation des paysans en journaliers libres.

## 16

Après avoir vendu la terre et le travail, on en vient aujourd'hui à vendre l'air qu'on respire. Ainsi se créent des marchés des droits à polluer. Le marché des droits à polluer n'est autre que le système des « enclosures » appliqué non aux pâturages communaux de l'Angleterre du XVIe siècle, qui prépara l'exode massif des paysans vers les villes et la masse de l'armée de réserve du capital, mais à l'air, et aussi à la forêt (puisque désormais on négocie des droits à la déforestation). Après les enclosures, la clôture des terres communales, les éleveurs pauvres de Grande-Bretagne allèrent grossir le prolétariat employé dans les manufactures de Manchester. Il faut toujours chercher une « enclosure » derrière l'avancée du capital. Par les droits à polluer, les futurs migrants climatiques iront travailler dans les usines à « croissance verte » du Nord ou de Chine. La génétique permettra bientôt de privatiser le vivant : la frontière du vivant sera franchie par le capital pour en commercialiser les « terres » encore en friche. Après la commercialisation des gestes, des regards, de certains désirs, le capital s'apprête à commercialiser l'inconscient et s'approche du secret de la vie. Il cerne le dernier refuge, le dernier bastion, la source de la vie même, le lit où jouissent les hommes, de ce que Foucault appelait « la fraîcheur du désir ». Il est prêt à le tuer, c'est-à-dire à le transformer en or, comme Midas transformait tout ce qui vivait en métal précieux.

17

Ainsi, il n'y a pas d'économie politique sans propriété privée et sans division du travail. Décidément, pour que les hommes vivent, l'économie doit mourir.

# IV

# Le langage des objets et la réification

> En échangeant, les hommes ne se comportent pas entre eux comme des hommes.
>
> K. Marx, *Économie et philosophie*

## 1

L'économie commence avec la rareté. Les ressources rares confrontées à la prolifération humaine créent le problème du partage. Ricardo considérait que la question que devait résoudre l'économie politique était celle de la « répartition ». Comment se fait le partage des ressources et de la production humaine ? Les choses sont différentes en ancienne Égypte, dans la Chine impériale… ou dans l'Allemagne d'aujourd'hui. Le capitalisme instaure le règne dominant de la propriété privée, d'où naissent l'exploitation, la violence, le conflit et l'aliénation. La propriété privée concerne toute chose : du balai à la flotte de pétroliers. Elle est celle du petit compte en banque de l'ouvrier et des montagnes de dollars des milliardaires. Elle oblige les hommes à échanger les objets via la division du travail. Désormais, dit Marx, « l'homme ne produit que pour avoir [1] ».

1. *Économie et philosophie*, in *Œuvres*, t. II, p. 29.

## 2

Bien que le but de la production soit la possession, la division du travail dépossède les hommes de leur travail. Ils produisent, et ne possèdent pas l'objet de leur labeur. En général, ils ne produisent qu'une petite parcelle des objets, et la déshumanisation de leur travail est grande. L'ouvrier de la manufacture n'a rien à voir avec l'artisan de la confrérie apte à effectuer toutes les tâches conduisant à la réalisation de l'objet, autrement dit chaque tâche qu'effectuait chacun de ses compagnons, et capable du « chef-d'œuvre » qui le sacrait artisan. Le capitalisme invente la parcellarisation du travail, le travail en miettes. De ce travail disparaît toute trace d'art, même s'il peut paraître intellectuel ou compliqué. Ainsi une lutte féroce oppose aujourd'hui les ordinateurs aux traders des salles de marché. Près de la moitié des transactions en actions passent par les ordinateurs, qui font en nanosecondes ce que ces pauvres traders font en quelques minutes. Entre deux abrutis, le trader et l'ordinateur, le capitaliste choisira le plus rapide, le plus apte à augmenter son capital.

## 3

C'est l'universalité de l'homme qui disparaît avec la division du travail et l'échange des objets. Lorsque les hommes échangent les objets dont ils ont la propriété, ils n'échangent que du *travail en cendres*, et les objets sont désormais les maîtres de l'échange. Les objets échangent le travail des hommes. Le monde est un monde de morts vivants, de zombies ou de vampires nourris au travail des hommes, transformé en travail mort. Marx utilisera souvent cette métaphore de la vampirisation de la vie. Un homme n'est plus que du temps de production. Il n'existe que par son compte en banque, sa voiture, le temps qu'il a passé à produire sa voiture, et le temps qu'il passe aux feux rouges.

4

Par la propriété privée, l'homme devient un objet non humain étranger à soi-même ; la manifestation de sa vie est l'aliénation de sa vie ; sa réalisation en est la déperdition, une réalité étrangère. L'homme propriétaire ne peut s'approprier véritablement l'objet, le posséder véritablement, il est aliéné par lui. « Par sa production, dit Marx, il produit son néant et son pouvoir sur l'objet est le pouvoir de l'objet sur lui [1]. »

5

De la propriété privée naissent toutes les contradictions qui font la dynamique du capitalisme et signeront sa fin : la contradiction entre le capital et le travail, la « vampirisation du travail », le vol du travail d'autrui, l'opposition entre les ouvriers et les machines (entre « travail mort » et « travail vivant », dit Marx).

6

Le communisme, en abolissant la contradiction entre le travail mort et le travail vivant, abolit la contradiction entre la vie et la mort ; il ne laisse plus les morts creuser à l'infini des trous et enterrer les morts dans le système de la production des objets. Dans la société communiste, les hommes ne seront plus occupés à creuser les trous

1. *Ibid.*, p. 23.

que d'autres rebouchent après que les premiers s'y sont allongés, dans l'éternel recommencement de leur vie inutile.

7

L'ouvrier « à demi artiste » du Moyen Âge était aussi à demi vivant. Alors que chez les Anciens la manufacture est considérée comme une déchéance, laissée aux esclaves, métèques et autres citadins, et que les deux mamelles de la puissance sont la guerre et la terre (Rome) ou la guerre, l'élevage et la mer (Athènes), la ville du Moyen Âge donne le primat aux métiers. L'artisan de la corporation connaît le travail collectif et la beauté par le chef-d'œuvre. Abolissant la corporation, le capitalisme fait naître la laideur et le travail aliéné ; mais c'est bien de la ville libre qu'est né le capitalisme, créant la division fondamentale du travail – selon Marx –, la division ville/campagne. Le communisme abolira la division ville/campagne, comme les autres séparations, la division travailleur manuel/travailleur intellectuel par exemple.

8

Les objets, extérieurs à l'homme, circulent par l'échange. Le langage universel de l'homme est désormais le langage des objets. Les marques s'échangent contre des marques. La pub est notre nouvel espéranto. Marques et pubs ont remplacé les mots par lesquels les hommes s'adressaient aux hommes, et la pensée est soumise au temps passé dans les embouteillages dans ces égouts à voitures que sont devenues les rues, ou à la chaîne pour construire les voitures. Au-delà des objets, la médiation par l'argent, équivalent général des marchandises, achève de déshumaniser l'homme. C'est pourquoi les hommes se sont réifiés, et les objets humanisés. Les objets s'échangent contre les objets, la propriété privée s'échange contre de la propriété privée, tandis que l'homme a disparu de l'échange. Il ne peut plus voir ses semblables que comme des marchands, des offreurs d'objets, des marchandises sur un présentoir.

## 9

Le langage humain devient non seulement incompréhensible, mais inaudible. Pire, il nous fait honte. Nous avons honte de saluer les gens dans la rue ou de les regarder dans les yeux. Le plus étonnant, dans notre société, c'est que les gens ne se parlent plus dans la rue. Marx : « Un langage direct de cette nature nous paraîtrait comme une violation de la dignité humaine [1]. » Échanger humainement nous fait peur. La foule solitaire et silencieuse, absorbée dans la production, a succédé à la foule bavarde du Moyen Âge. Ayant accepté de travailler et d'être un objet d'échange sur le marché du travail, afin d'acquérir et d'échanger des marchandises, j'ai accepté de me dépouiller de ma valeur et d'ignorer celle des autres, valeur que j'ai transférée aux objets : « La valeur que chacun de nous possède aux yeux de l'autre est la valeur de nos objets respectifs. Par conséquent, l'homme lui-même est pour chacun de nous sans valeur [2]. » L'homme est devenu chosifié, dans le système des pacotilles dont il se croit le propriétaire, mais qui en vérité le possèdent, comme le métro ou le supermarché dans lesquels il est incarcéré. Il est le conducteur machinal de

1. *Économie et philosophie*, « Le vol réciproque », in *Œuvres*, t. II, p. 32.
2. *Ibid.*, « Division du travail et argent », p. 28.

son corps, l'opérateur d'une machine, le visseur de boulons, ou le « trader » indifférent aux yeux rougis par un écran d'ordinateur. Possédant et échangeant les objets, aliéné par eux vis-à-vis des autres hommes, l'homme ne possède plus la réalité qui lui est extérieure, cette réalité engendrée par ses organes génériques – vue, toucher, goût… Son contact avec la nature est celui du caoutchouc sur l'asphalte, son odeur, celle du fioul, et sa vision, celle des réclames ou des traces d'avions dans le ciel.

10

L'économie, qui depuis Adam Smith ne cesse de définir la société comme une société commerçante, fige les rapports humains comme des rapports de marchand à marchand, comme la réciprocité de l'aliénation.

11

« Tout ce qui est utile est laid » (Théophile Gautier).

# V

# L'argent

C'est l'homme lui-même qui se change en argent, et c'est l'argent qui s'incarne en homme.

K. M., *Économie et philosophie*

L'argent incarne la domination totale de l'objet aliéné sur l'homme.

K. M., *Économie et philosophie*

## 1

Les objets ont un équivalent général, l'argent. Georg Simmel disait que « l'argent est ce qui permet de ne plus regarder les hommes dans les yeux » : au moment où l'échange passe par la médiation de l'argent, tout lien, tout contact humain, charnel ou psychologique, disparaît, du pire (la prédation et la violence) au meilleur (la fraternité ou le don). Marx dit : « L'argent s'incarne en l'homme. L'individualité humaine, la morale humaine se transforment en article de commerce et en existence matérielle de l'argent. » Le crédit évalue l'homme comme une série de revenus actualisés. « Pensez à ce qu'il y a d'abject à estimer l'homme en argent comme c'est le cas dans le crédit. [1] »

1. K. M., *Économie et philosophie*, Notes de lecture, *Œuvres*, t. II, p. 21.

2

Parce qu'il est le médiateur de l'échange, l'argent interdit à l'homme d'être le médiateur de l'homme. Comme le tamis de l'orpailleur, l'argent retient le grain mystérieux de l'humanité et laisse passer l'eau sale du commerce, l'eau de vaisselle du libéralisme. L'argent sépare l'homme de l'homme, comme la propriété privée. Cependant, l'économie de l'échange monétaire généralisé est un progrès sur l'ancienne société. Par l'argent, le capitalisme a libéré l'homme de toutes les vieilles sujétions, mais aussi fraternités. Il a affranchi l'esclave du propriétaire terrien, l'ouvrier du compagnon, le compagnon du maître. Il a placé face à face le travailleur libre et le capitaliste libre, l'ouvrier qui choisit son employeur comme l'employeur le choisit, le consommateur libre et le distributeur libre. Ce faisant, il a pris la place du frère, de l'ami, mais aussi du maître. Or, s'étant libéré du maître, le travailleur libre est devenu le serviteur de l'argent. C'est de son libérateur que l'homme ne parvient plus à se libérer.

3

L'argent est la perversion générale des individualités. Il transforme la fidélité en infidélité, l'amour en haine, la vertu en vice, le vice en vertu, le maître en valet, le valet en maître. Il est le monde inversé. Il est éternel : « Toutes les marchandises sont de la monnaie périssable ; la monnaie est la marchandise non périssable. » Il est l'éternité illusoire après laquelle courent les hommes.

4

Mais, au-delà de ce leurre que les hommes poursuivent – croyant poursuivre les autres hommes –, pouvant tout fondre et transmuter, il est aussi ce « Dieu visible qui rapproche les incompatibles et les oblige à s'embrasser [1] ». Il est le versant noir de la fraternité humaine, la fraternité diabolique, l'union des hommes par la cupidité, « le lien de tous les liens », le lien social total.

## 5

L'argent porte toute l'activité matérielle de l'homme, désormais extérieure à lui et qui l'écrase. Il a déréalisé l'homme, l'a transformé en objet des objets. Il pèse du poids des objets sous lesquels l'homme est enfoui. L'accumulation des objets, cette fausse abondance dérisoire exhibée dans les supermarchés ou au pied des sapins de Noël, n'est autre que l'immense accumulation des déchets qui enfouissent l'homme. « Dans la dimension symbolique, l'argent, l'or sont de l'excrément. Il en est de même pour le temps objectivé » (Baudrillard), autrement dit, le temps, c'est de l'argent. Mais le système des objets interdit à l'homme de restituer à l'argent sa fonction excrémentielle, car désormais c'est l'homme qui est l'excrément de l'argent. Marx dit : « Le temps est tout, l'homme n'est rien, il n'est plus que la carcasse du temps. » Et Baudrillard, de façon équivalente : « Objectivés par l'argent, manipulés par lui comme valeur d'échange, c'est nous qui sommes devenus l'excrément du temps. » La caractéristique du capitalisme, c'est qu'il y est interdit de perdre de l'argent, autrement dit, qu'*il y est impossible de perdre son temps.*

---

1. *Ibid.*, « Ébauche d'une critique de l'économie politique », in *Œuvres*, t. II, p. 115.

6

Ubiquitaire, imputrescible, immortel, médiateur universel des hommes, l'argent est l'image inversée du Christ, le Christ qui s'incarne en homme, alors que l'argent s'incarne en homme et l'homme devient le corps de l'esprit-argent, lui aussi médiateur universel des hommes. Il est peut-être le Satan que Luther, bien avant Freud, compare à l'excrément. L'élimination de ce « dieu » doit rendre aux hommes leur humanité.

7

Objet éminent de la possession, il est l'aliénation suprême de la possession. Qui a de l'argent n'a rien. Entremetteur entre le besoin et l'objet, la vie et les moyens de vivre, il ne satisfait ni la vie ni les besoins mais est désiré en lui-même. L'aliénation suprême surgit quand l'homme accumule de l'argent au-delà des objets. Le désir d'argent en lui-même, l'accumulation d'argent pour l'argent, raison d'être du capitalisme, devient le but de la vie humaine. Toute vie tend vers ce nouvel infini, l'argent, qui peut être accumulé à l'infini et dont le désir est inextinguible. « L'argent qui sert de médiateur médiatise aussi l'existence des autres pour moi. Pour moi, l'argent c'est l'autre [1]. » L'argent exprime le mimétisme qui ronge le cœur de l'homme aliéné.

8

Le besoin et le mimétisme sont au cœur de l'homme aliéné. Celui-ci cherche à obtenir ce que possède l'autre : il désire l'objet de l'autre, et, en ce sens, tout simplement,

1. *Ibid.*, p. 114.

désire l'autre. Mais comme ce qu'il obtient de l'autre n'est que de l'argent et n'apaise jamais son besoin, celui-ci ressurgit plus violent encore, et exige plus d'argent pour plus d'objets. Les hommes du besoin suscitent en eux-mêmes le besoin. Tout homme s'applique à susciter chez l'autre un besoin nouveau pour le contraindre à un nouveau sacrifice, le placer dans une nouvelle dépendance, et l'inciter à un nouveau mode de jouissance, donc de ruine économique. « À la vérité, à tes yeux, ton produit est un instrument, un moyen pour t'emparer de mon produit, et donc pour satisfaire ton besoin. Tu n'es pour moi que le moyen et l'instrument pour produire un objet. Et tu es devenu l'instrument de ton objet dont ton désir est l'esclave, et tu as accepté de travailler en esclave afin que l'objet ne soit plus jamais une aumône à ton désir [1]. » Et tu n'as pas été rassasié. Et tu recommences et tu n'es pas encore rassasié.

## 9

Dans la société de l'échange économique, chacun crée sous l'enveloppe des choses qu'il produit une puissance étrangère et mauvaise, qui accable son prochain. Il en tire quelque satisfaction égoïste. Avec la masse des objets, l'empire d'autrui croît aux dépens de chacun et tout produit nouveau devient une source d'insatisfaction et de duperie réciproques. Ainsi s'explique le besoin infini d'argent : en se vidant de son humanité, l'homme a toujours besoin de plus d'argent pour s'emparer de l'autre qui lui est hostile, et, dit Marx, « le besoin d'argent est le vrai et l'unique besoin produit par l'économie politique ». Mais l'entrepreneur, l'exploiteur du travail, autant que le banquier, le financier, le spéculateur et

1. *Ibid.*, « Produire pour avoir », in *Œuvres*, t. II, p. 33

l'usurier, joue également son rôle dans la castration des hommes. Et Marx d'évoquer « l'eunuque industriel, l'infâme qui cherche à appâter son prochain, joue les entremetteurs entre lui et ses appétits les plus morbides ».

## 10

La propriété, c'est l'exclusion de l'autre, et le mimétisme, le désir lié à cette exclusion, le désir de l'objet de l'autre et de l'autre lui-même. L'économie de marché (l'échange des objets par des propriétaires) repose simultanément sur le mimétisme et sur l'exclusion d'autrui de notre propre jouissance : je possède et tu n'as pas ce que je possède, et pourtant j'envie ce que tu as et réciproquement. Le moment où « les sens et la jouissance de l'autre deviennent mon appropriation [1] » sera un moment communiste ; il ne s'agira pas du communisme primaire ou vulgaire, abhorré de Marx, où « l'envie générale s'érigeant en jouissance est la forme dissimulée de la cupidité rétablie [2] ». C'est pourquoi le socialisme réel, par l'élimination des koulaks, des nobles et des bourgeois, bref, des propriétaires, n'a réussi qu'à généraliser la cupidité et n'a pu humaniser les besoins. Et à sa mort, et avec la chute du Mur, aucun altruisme n'est né de la société stalinienne abolie.

## 11

Dans la société capitaliste, « celui qui jouit de la richesse se comporte comme un événement éphémère et sans âme, qui se débauche frénétiquement et considère le travail asservi, la sueur et le sang d'autrui comme la

1. *Ibid.*, p. 84.
2. *Ibid.*, p. 77.

proie de son désir ; en tout homme, et donc en lui-même, il voit un être sacrifié et vide [1] ». Si tout homme s'applique dans la société capitaliste à susciter chez l'autre un besoin nouveau, la société communiste abolira le mimétisme, le désir de la sueur, des muscles et du cerveau de l'autre, et instaurera la véritable propriété des objets.

## 12

Dans la société communiste, l'autre devient un besoin humain, au sens où le besoin de l'autre devient le mien : là, « le rapport révèle dans quelle mesure le besoin de l'Homme est devenu un besoin humain, *dans quelle mesure l'autre en tant que tel lui est devenu un besoin*, dans quelle mesure son existence la plus individuelle est en même temps celle d'un être social [2] ». Voilà ce que proposera la société communiste : une jouissance collective où « la jouissance de l'autre devient mon appropriation ». Et Marx d'évoquer « les organes sociaux qui vont se créer en dehors des organes directs [3] » : de la cellule à la société, en passant par l'œil, la bouche et les doigts, se crée un être collectif, amalgame d'individus jouissant les uns des autres dans un tourbillon heureux.

## 13

L'argent sépare la valeur des choses de leur substance : la valeur d'échange est découplée de la valeur d'usage, et, dit Marx, « cette séparation est violente ». La *violence*

1. *Ibid.*, p. 100.
2. *Ibid.*, p. 78, souligné par moi.
3. *Ibid.*, p. 84.

*de la monnaie*[1] est celle de la monnaie canalisant la violence et maintenant les hommes dans la violence de la vie marchande. « La valeur d'échange n'a pu se former qu'en tant qu'agent de la valeur d'usage, mais sa victoire par ses propres armes a créé les conditions de sa domination autonome. Mobilisant tout usage humain en saisissant le monopole de sa satisfaction, elle a fini par *diriger l'usage*. Le processus de l'échange s'est identifié à tout usage possible, et l'a réduit à sa merci. La valeur d'échange est le condottiere de la valeur d'usage, qui finit par mener la guerre pour son propre compte[2]. » La monnaie a érigé l'échange en facteur autonome vis-à-vis des producteurs.

## 14

L'argent est le leurre vers lequel je me dirige et que je saisis quand je crois m'approprier l'autre. Il a la propriété de tout transmuter, tout changer, tout mesurer, tout réduire, fondre et mêler dans le creuset du capitalisme. Et Marx de citer Shakespeare, dans *Timon d'Athènes* : « Eh bien ! cet or écartera de votre droite vos prêtres et vos serviteurs, arrachera l'oreiller du chevet du malade. Ce jaune esclave tramera et rompra les vœux, bénira le maudit, fera adorer la lèpre livide, placera les voleurs en leur accordant titre, hommage et louange, sur le banc des sénateurs ; c'est lui qui décide la veuve éplorée à se remarier. Celle qu'un hôpital d'ulcéreux hideux vomirait avec dégoût, l'or l'embaume, le parfume, et lui fait un nouvel avril… Allons, poussière maudite, prostituée à

1. Titre d'un ouvrage de Michel Aglietta et André Orléan.
2. Thèse 46 de *La Société du spectacle* de G. Debord, souligné par l'auteur.

tout le genre humain, qui met la discorde dans la foule des nations... [1]. »

## 15

Moi-même, je me transforme en argent : ce que l'argent peut acheter, je le suis moi-même ; mes qualités et ma puissance sont la puissance de l'argent – je me paye des jambes, des ailes, de la puissance virile... Je suis laid, mais je puis m'acheter la plus belle femme, aussi ne suis-je plus laid. Et pourtant je reste plus laid et plus frustré que jamais, car je n'ai pu acheter l'amour de la plus belle femme, mais seulement l'amour feint d'une prostituée. Comme dans les contes, et comme l'or offert par le diable qui devient soudain de la terre, elle se transforme en statue dès que je la touche. Marx : « Si tu aimes sans susciter d'amour réciproque, ton amour est infortune [2]. »

## 16

Paradoxalement, l'argent abolit la réciprocité des rapports humains : ceux-ci deviennent des équilibres comptables, de la valeur contre de la valeur, des chiffres valant une vie pour une vie dénuée de valeur.

1. « Ébauche d'une critique de l'économie politique », in *Œuvres*, t. II, p. 118.
2. *Ibid.*, p. 118.

# VI

# La loi de Say

Say l'insipide, ce piteux auteur !

K. M., notes de lecture

Produire et consommer, voilà le propre de la vie humaine, voilà sa fin principale.

J.-B. Say, cité par Karl Marx

## 1

Les deux plus grands économistes de tous les temps, Keynes et Marx, ont détruit la « loi de Say ». L'économie marxiste et l'économie keynésienne commencent avec la mort de Say.

## 2

L'homme de l'industrie est une marchandise à produire et consommer. Il possède, en sus, quelque chose de coprophagique : il mange ce qu'il produit. L'ouvrier sème du grain, le grain fait du blé, le blé, du pain, et l'ouvrier mange du pain pour faire du pain. Et la Terre tourne, et le Soleil aussi, et le cycle de la production-consommation durera jusqu'à l'extinction du Soleil. Pour l'ouvrier, aucune rédemption n'existe par le travail – rédemption que lui apportera la société communiste. Fourier, que n'aimait guère Marx, pensait aussi que la question clé de la vie sociale était celle du bonheur dans le labeur ; il envisageait la possibilité de l'homme heureux au travail dans l'utopie du phalanstère, forme isolée de société communiste, où se pratiquaient notamment la « papillonne » (la dérive surréaliste ou libertaire de travail en travail) et certaines formes de liberté sexuelle. Marcuse, qui avait compris que la libido est sublimée dans le travail, pensait aussi réconcilier la liberté sexuelle et la vie sociale. Pour Marx, le bonheur au travail est tout simplement le bonheur, c'est-à-dire la fin du travail. L'homme heureux par le travail est celui du travail aboli – et non l'homme heureux au travail que proposent les patrons, ou l'homme se « réalisant » au travail, que rattachent au joug les psychologues et les spécialistes du stress en entreprise.

3

Mangeant ce qu'il produit, l'homme du besoin, l'homme du capitalisme, est dans la reproduction. La loi de Say dit que rien n'entache cette reproduction. Elle est une loi de l'équilibre perpétuel : tout ce qui est produit est consommé.

4

L'homme de Say qui produit ce qu'il bouffe est un animal. C'est l'homme du libéralisme. Jean-Baptiste Say est le père du libéralisme. Le libéralisme est le monde de la bestialité.

5

Say ne dit pas autre chose que « toute offre crée sa propre demande », tout ce qui est produit est consommé.

Car comment imaginer que l'un produise sans qu'il produise pour le besoin de l'autre, que l'autre offre son travail sans offrir pour le besoin de production de l'un ? Toute offre crée sa propre demande, ou encore « les produits s'échangent contre les produits ». Tomates contre chaussures, chaussures contre viande, et viande contre tomates, fin. « C'est la production qui ouvre des débouchés aux produits » (Say encore), et cette loi est une loi des « débouchés » : « On vend un produit non pour de l'argent mais pour pouvoir acheter d'autres produits » (toujours Say). Elle nie deux choses essentielles à l'économie de Marx, comme à celle de Keynes : l'argent et le déséquilibre.

## 6

Henry Ford avait compris la loi de Say : les ouvriers acceptent de fabriquer des voitures pour acheter les voitures. On les paye, ils dépensent leur gain en voitures, et tout va bien. « Je paye bien mes ouvriers pour qu'ils achètent mes voitures et leur laisse le choix du modèle à condition que ce soit un T4 de couleur noire », disait-il. Comme celui de Ford, le monde de Say est un monde du perpétuel équilibre, sans contradiction. C'est un monde où l'argent n'existe pas, ni le temps. Le concept d'équilibre, cher aux économistes libéraux, relève de l'ancien temps de la physique, celui sans flèche, le temps réversible : le retour aux conditions de départ d'une économie par le retour à l'équilibre – lorsque la « loi » de l'offre et de la demande a joué, lorsque les prix ont baissé par excès d'offre ou augmenté par excès de demande – nie la notion de temps historique. Le monde de Say et des libéraux est un monde du troc (« produit contre produit ») précapitaliste, où l'on revient à l'équilibre assez vite si l'on s'en éloigne : « on ne saurait admettre que le producteur puisse longtemps être mal renseigné sur les marchandises qu'il peut produire avec le plus grand profit » (Ricardo, cité par Marx). Personne ne va s'amuser à produire plus de chaussures qu'il n'y a de pieds à chausser ou de cercueils qu'il n'y a de morts à enterrer, c'est du bon sens, cet horrible bon sens dont est pétri le discours des maîtres et qui est la négation de l'esprit scientifique. Ce bon sens qui, comme l'opinion, « doit être détruit » (Bachelard).

7

Le tour de passe-passe des économistes libéraux est d'avoir traité le monde réel comme si le troc dominait et *l'argent et le temps n'existaient pas* [1].

8

La loi de Say nie la contradiction capital/travail.

9

La loi de Say est aussi celle de la reproduction simple : homme-marchandise-homme.

10

La loi de Say nie les crises afin d'affirmer l'identité entre producteurs et consommateurs, « tous des offreurs », tous des capitalistes, tous soumis à la loi du

1. Ce qui est tout de même proprement hallucinant. Mesure-t-on la fantasmagorie des « marchés efficients » et autres calembredaines ?

genre, à la compétition et à la concurrence. Car pourquoi nier les crises, sinon pour affirmer la convergence d'intérêts entre offreurs et demandeurs, l'identité entre producteurs et consommateurs, l'unité entre capitalistes et ouvriers dans la communion des intérêts, les ouvriers choisissant et choyant leurs maîtres comme les maîtres les choisissent et les choient. On comprend mieux, maintenant, l'importance de cette « loi » pour les économistes. Le monde des économistes est un monde de l'harmonie et de la pureté, un monde vierge et marial, où rien jamais ne se passe mal. *Les Harmonies économiques, Éléments d'économie politique pure, Économie pure et rendement social, Manuel d'économie politique,* Bastiat, Walras, Allais, Pareto. À ce monde purifié à l'eau bénite de prêtres en équations et de cardinaux déguisés en Prix Nobel, sans mains, sans sexe, et heureusement sans pensée, Marx oppose celui du réel et du mal, et il cite Mandeville : « Ce que dans le monde nous appelons le mal, tant moral et naturel, c'est le grand principe qui fait de nous des êtres sociaux, c'est la base, la vie et le point d'appui de tous les métiers et de toutes les occupations sans exception ; c'est ici qu'il faut chercher la véritable origine de tous les arts et de toutes les sciences ; et du moment où le mal n'existerait plus, la société serait condamnée au déclin, sinon à périr totalement [1]. » De Mandeville, Adam Smith tirera sa parabole des égoïsmes : « Ce n'est pas de l'altruisme du boulanger que je tire mon pain, c'est de son égoïsme et de sa cupidité. » Mais, ajoute Smith, ce conflit des égoïsmes, par une sorte de « main invisible », par une ruse de la raison qui fait le bien des hommes malgré leur appétence à l'égoïsme et

1. *Division du travail et échange*, « Matériaux pour l'économie », in *Œuvres*, t. II, p. 400.

leurs calculs glacés, se résout dans l'harmonie des échanges marchands.

11

La généralisation du mal et de la souffrance est au contraire pour Marx l'essence du capitalisme, qui massifie toute chose, tout sentiment, toute relation, tout art, toute poésie, toute espèce de la nature, tout métier dans le grand chaudron de la valorisation du capital, qui mêle toutes les couleurs dans le gris de l'argent.

12

Or le capital, précisément, entre en contradiction avec le travail dans les débouchés : la crise des débouchés est au cœur du système capitaliste ; car les capitalistes ne veulent pas payer les salariés ; car plus ils les payent, moins ils font de profits, et pourtant ils veulent leur vendre des voitures. « Dans le système capitaliste, le processus d'accumulation du capital peut conduire à la surproduction. La surproduction entraîne l'apparition du phénomène caractéristique des crises. L'ampleur de cette surproduction est liée au capital lui-même, à l'accroissement sans limites du capital et à la ruée vers l'enrichissement des capitalistes et en aucun cas à la consommation. » Le capital pleure pour avoir des débouchés pour la valorisation du travail qu'il a exploité : « Comme le cerf brame sa soif d'eau fraîche, l'argent crie son désir d'un domaine où il puisse être valorisé comme capital [1]. » Et il gémit de l'ingratitude de ces salariés qu'il

1. *Les Crises du capitalisme*, préfacé par D. Bensaïd, Demopolis, 2009, p. 75 et 4.

a mal payés et qui ne peuvent pas acheter les objets qu'il les a obligés à produire.

## 13

L'invention de l'argent détruit la loi de Say. « L'argent est ce qui brise le troc » (Keynes). L'argent brise la simultanéité et l'équivalence des échanges existant dans le troc, et brise l'équilibre permanent de la société atemporelle du troc. L'argent permet de thésauriser, de temporiser, d'attendre à l'affût avec son arme sonnante et trébuchante, de spéculer, de renier ses offres, de se retourner, bref, de changer d'avis. Je voulais une voiture ? Je n'en veux plus, je veux désormais une maison ou un vélo. L'argent permet de différer l'acte d'achat par rapport à l'acte de vente. L'argent est le grand libérateur, la carte à jouer des possibles, la carte des libertés gravées sur l'or ou le papier. « L'argent est de la liberté frappée » (Dostoïevski). Il a existé bien avant le capitalisme : les pièces furent battues à Mycènes quelque huit siècles avant J.-C., et la monnaie scripturale semble avoir existé de tout temps, aussi vieille que le grand commerce, où les armateurs de bateaux pariaient sur le retour de cargaisons pillées par les forbans qu'ils armaient pour la course. Les concepts d'assurance et d'hypothèque, eux aussi, sont vieux comme la marine et la piraterie, lesquelles furent longtemps identiques : la Compagnie hollandaise des Indes gagna plus d'argent en pillant les navires des autres nations que par le commerce « honnête ». Et la notion même de « marché dérivé » – l'équilibre des assureurs, entre celui qui parie sur le soleil et celui qui parie sur la pluie et qui échangent leurs risques – est aussi vieille que le désir d'aller ravir des femmes, de l'or et des esclaves. Le capitalisme a substitué le contrat à la prédation et l'échange au vol. Il a organisé le travail en masse pour une production de masse et substitué le gavage à la pénurie. Mais le menace sans trêve la *surproduction.*

14

La crise de surproduction est le moment où la reproduction simple – l'autre nom de la loi de Say – ne se fait plus. Tout banquier, c'est-à-dire tout fabricant d'argent, fait un pari avec le producteur sur la loi de Say : « Voilà un crédit, créez votre entreprise de pizzas, payez vos ouvriers, vous me rembourserez quand les consommateurs auront acheté. » Par le remboursement (le retour de l'argent donné aux ouvriers dans les poches du banquier une fois que les ouvriers ont mangé les pizzas), le cycle de la reproduction est achevé.

15

Tout argent a donc vocation à être détruit à l'achèvement du cycle. L'argent sort de la banque, il est créé ; il rentre dans la banque, il est détruit. Entre-temps, des hommes ont produit et consommé.

16

L'argent est valorisé en travail humain, ce travail est devenu des marchandises, ces marchandises ont été valorisées à leur tour par les hommes qui les ont consommées car ils en avaient usage et *nécessité,* un usage de bête de somme à sa mangeoire, dans l'étable des marchandises obligatoires de consommation. Dans la société capitaliste, tout ce qui n'est pas interdit est obligatoire, et tout ce qui est obligatoire est libre de consommation. Valorisé par le travail, l'argent est devenu du capital. Le capital est de l'argent au travail, de l'argent mettant en mouvement des bras et des cerveaux. Ces bras et cerveaux fabriquent des marchandises qui à leur tour sont valorisées et deviennent de l'argent. Elles deviennent valeur d'échange (sommes monétaires échangées). Mais cette valeur d'échange ne serait rien si elle n'était transformée à son tour en valeur d'usage, c'est-à-dire en marchandises utiles et nécessaires aux ouvriers qui ont fait les marchandises. Physiquement nécessaires : du pain pour leur ventre, des voitures pour leurs fesses, de la pub pour leurs yeux, de la musique d'ambiance et des journalistes financiers pour leurs oreilles.

17

Le capital n'existe jamais sans le travail. L'idée que l'argent puisse « faire des petits comme le poirier fait des poires » est mensongère, colportée par les banquiers et les économistes : mettez de l'argent dans une bouteille, disait Keynes, placez celle-ci dans votre jardin, revenez un an plus tard, et vous serez étonné : les billets n'auront pas copulé pour faire des billets. Et Keynes copulait avec le peintre Duncan Grant et jouait l'argent de son propre père contre la livre sterling.

18

Le rêve fou d'un capital sans travail (le rêve du capitaliste qui aimerait ne pas payer ses ouvriers, voire produire sans eux : « l'entreprise sans usines » imaginée par un patron français) est vraiment un rêve. Certes, on peut imaginer que les Chinois travaillent pour les Américains qui se contentent de consommer ce qu'ont produit les Chinois. Les Américains se sont endettés, ont créé l'argent, les Chinois ont travaillé, mangé un petit peu de ce qu'ils produisaient et les Américains ont dévoré le reste. C'est possible. Mais à l'échelle de la planète, il faut bien que le capital soit valorisé par du travail. Le capital devient de la valeur d'usage (des voitures) et la valeur d'usage devient de la valeur d'échange (des salaires).

19

Le rêve fou d'un capital sans travail est celui d'une humanité sans hommes, ou plutôt de capitalistes débarrassés des sous-hommes que sont les prolétaires. Les écrivains ont pressenti cette humanité, où quelques nantis sont isolés de la barbarie et se reproduisent à l'infini par clonage [1].

20

Le salaire n'est autre que du capital. Du capital circulant, par opposition au capital fixe, les machines, lesquelles sont du travail accumulé, « cristallisé ». La masse des salaires (le capital circulant) est l'avance que fait le capitaliste au travailleur pour qu'il puisse acheter le pain qui le nourrit pendant qu'il fabrique le pain. Le capitaliste injecte des vagues de capital circulant dans l'économie, celles-ci deviennent de la sueur, car toute sueur mérite salaire. Le capitaliste injecte une vague pain, une vague confiture, beurre, voiture, une vague téléphones portables, une vague maison pour abriter les ouvriers. Si les ouvriers n'ont pas assez de salaire pour payer leur portable ou rembourser leur maison, tout ce système d'équilibre fragile s'effondre : le capitaliste se retrouve avec ses marchandises sur les bras.

1. Michel Houellebecq, *La Possibilité d'une île*, Fayard.

# VII

# L'énigme de la plus-value et la reproduction élargie

> Cinq mille ans de propriété le démontrent : la propriété est le suicide de la propriété.
>
> Proudhon

> La bourgeoisie ne peut exister sans révolutionner constamment les instruments de production : ce qui veut dire aussi les conditions de production, les rapports sociaux.
>
> K. M., *Manifeste du parti communiste*

## 1

Les ouvriers doivent consommer les objets qu'ils fabriquent. Mais que se passe-t-il s'ils n'en veulent pas ? On objectera, à juste titre, que les besoins sont imposés, fabriqués par la pub, dont le miracle perpétuellement renouvelé est de faire acheter à celui qui n'en a pas les moyens ce dont il n'a pas besoin. Mais comment imposer ces besoins, soumettre les hommes à la frustration perpétuelle de nouveaux besoins à jamais inassouvis ? Comment perpétuer cette perversion ? Le capitaliste y parvient, sinon disparaît.

2

Au-delà même de la consommation obligée des portables, des voitures, etc., l'équilibre de l'offre et de la demande ne permet pas d'expliquer l'accumulation, la croissance. Jamais les économistes n'ont pu expliquer l'accumulation, car elle exige la formation de surplus. Or comment se forment les surplus ? Les sociétés primitives se caractérisaient par la consumation des surplus dans des travaux somptuaires et pharaoniques, ou dans la « part maudite », le sacrifice des hommes ou des animaux ; la guerre est un moment de destruction des surplus, et les sociétés du capitalisme n'y échappent pas : le « doux commerce » de Montesquieu, la prétendue douceur des mœurs commerciales, l'affabilité bienveillante, suave et papelarde liée à la généralisation des échanges ont abouti au carnage de deux guerres mondiales, au terme d'une centaine d'années de commerce entre les nations européennes. « Le capitalisme porte la guerre comme la nuée porte l'orage » (Jaurès). La guerre reste un moyen primordial de liquider les surplus. Reste l'énigme du « surplus destiné au surplus ».

3

Marx a le premier résolu cette énigme dans sa théorie de la plus-value. Ou tout au moins explicité la solution de l'énigme déjà entrevue par Sismonde de Sismondi (1773-1842).

4

L'homme produit des marchandises mais est lui-même marchandise, produite et destinée à la vente sur le marché du travail. À son entretien sont nécessaires d'autres marchandises, de la nourriture et des voitures. Mais la quantité de travail qu'il déploie pour produire cette nourriture et ces marchandises est bien supérieure à celle qui est nécessaire à son entretien, à sa reproduction en tant qu'homme ayant besoin de pain, d'une voiture et d'un toit.

5

La plus-value est la différence entre la quantité de travail nécessaire à produire les biens et la quantité de travail nécessaire à produire les biens pour reproduire l'homme et ses enfants, le « prolétaire ».

6

D'abord, les hommes sont des parasites, les poux de la terre. Ils suivent les troupeaux de rennes ou de bisons. Beaucoup de rennes, beaucoup d'hommes qui se reproduisent comme des lapins. Peu de rennes, peu d'hommes qui meurent comme des mouches, ou abandonnent leurs bouches inutiles, ou les mangent. La fin du nomadisme, la découverte de l'élevage et de la sélection des plantes permettent à l'homme de se sédentariser et de constituer des surplus, des graines en surplus pour semer. Ces graines en surplus de consommation sont du capital. Mais les surplus sont faibles. La sédentarisation lui permet d'inventer la propriété. C'était il y a douze mille ans.

7

Le capitalisme est le moment où la technique est systématiquement appliquée à l'accroissement de la productivité du travail et où la constitution de surplus devient conséquente, permettant la prolifération de la population humaine, future armée de réserve du capital. Marx redécouvre ce qu'avait découvert Aristote, et qui fascina Keynes : les hommes accumulent des surplus qui sont destinés à l'accumulation de surplus plus grands encore. Dans le monde de l'argent, l'argent sert à faire plus d'argent, en faisant tourner, au passage, la roue interminable de la noria du travail auquel l'homme est attaché comme une pauvre mule borgne, à qui l'on a crevé un œil pour qu'elle pense avancer. « Caminante no hay camino » (Antonio Machado), il n'y a pas de chemin, rien que des sillages sur la mer infinie. Ainsi l'argent fait interminablement plus d'argent. Inlassablement, le capitaliste remet la plus-value en jeu, jette sans cesse son excédent de monnaie humaine sur le tapis de la spéculation et de la production.

8

Le profit est la différence entre le chiffre d'affaires et les salaires augmentés des consommations intermédiaires. La plus-value est la différence entre la vente de ce qu'a produit l'ouvrier et ce qui sert à sa vie d'ouvrier, à sa reproduction d'ouvrier. Elle est l'extorsion d'un surtravail, d'un travail au-delà du minimum vital, du minimum qui permet au travailleur de reconstituer sa force de travail, ses muscles et ses neurones, et ceux des bébés travailleurs. Profit et plus-value sont deux excédents confisqués au producteur.

9

Le salaire est la somme, variable dans le temps, des biens permettant aux travailleurs de se perpétuer. Ces biens sont eux-mêmes produits par du travail. Le salaire est donc le travail social nécessaire à la reproduction du travail.

## 10

Qu'est-ce que le minimum vital nécessaire au producteur ? En 1836, quand Karl dédie des poèmes brûlants à Jenny von Westphalen, le minimum est un bol de soupe et une litière de paille, ce que gagne le journalier agricole qui construit les murets de pierre. En 2010, le minimum inclut une voiture et un portable, sinon le prolétaire ne peut travailler. Quel est le panier de marchandises indispensable à l'homme ? La réponse diffère certes selon qu'il vit dans un bidonville ou en banlieue parisienne. Les économistes parlent de « parité de pouvoir d'achat ». Un habitant de favela trouverait étrange que le seuil de pauvreté d'un Français soit fixé à 600 euros environ par mois. Mais qu'un ancien président des États-Unis, G. W. Bush, affirme que « le niveau de vie des Américains n'est pas négociable » dit suffisamment que ce niveau de vie est tout autant un minimum vital qu'un maximum de pauvreté. Et de bêtise. Ce que le père de ce président, lui-même président, traduisait en ces termes : « Sommes-nous condamnés à être le peuple le plus gras ? » Désormais, partout dans le monde, l'excès de graisse est un indice de pauvreté.

## 11

Jetant inlassablement la plus-value sur le tapis de la production et de la spéculation, la bourgeoisie est condamnée à inventer sans cesse de nouvelles productions et méthodes de production : « La bourgeoisie ne peut exister sans révolutionner constamment les instruments de production : ce qui veut dire aussi les conditions de production, les rapports sociaux. La libre concurrence abat les frontières. Elle entraîne la migration rurale vers les villes, ce qui constitue un formidable progrès, car, par là, elle a préservé une grande partie de la population de l'idiotisme de la vie des champs [1]. » C'est pourquoi, au terme du capitalisme, espère Marx, l'homme cessera d'être idiot.

12

L'excès de plus-value doit sans cesse être consumé dans de nouvelles productions entrant dans la composition organique de la force de travail vivante, qui elle-même entre dans la composition organique du capital, défini comme la « cristallisation de travail mort » : c'est le principe de la reproduction élargie, ou de l'élargissement de la production. Qui roulait à vélo avance au pas en voiture. Qui espérait vivre offre sa vie au grand cimetière de l'accumulation. Le capital vampirise le travail. Le capital, comme la mort, prend tout ce qui existe.

13

Le capital est l'autre nom de la mort.

14

L'ouvrier produit plus qu'il ne lui est nécessaire pour survivre. Il y est obligé. Il doit travailler, sinon il meurt de mort sociale. Il pourrait bayer aux corneilles, regarder le coucher du soleil, mais le capitalisme le sort du monde paysan pour le faire entrer dans celui du chronomètre et

1. *Manifeste du parti communiste*, in *Œuvres*, t. I, p. 164.

de l'atelier et lui permettre, comme disent les patrons, de se « réaliser dans le travail » – jamais expression ne fut plus juste. L'histoire du travail montre que ce ne fut pas une mince affaire : on dut retirer les échelles des sorties de secours des puits de mine pour que les paysans récemment embauchés y restent, car ils avaient tendance à quitter le lieu de travail dès qu'ils estimaient avoir gagné suffisamment pour pouvoir retourner chez eux cultiver leur lopin de terre. Mettre l'homme au travail chronométré fut la grande affaire du capitalisme, un capitalisme un peu primitif, dépassé aujourd'hui, puisque le salarié a tellement intégré la nécessité du travail qu'il tient son propre chronomètre et se fouette lui-même. Chassé de l'entreprise, il n'a que le désir d'y retourner, comme l'enfant battu revient aux coups. L'usine est devenue sa grotte, où il peut se réchauffer près des siens. Exclu, il se sent banni et rapidement promis à la mort comme l'Esquimau jeté hors de son igloo.

15

La servitude volontaire est la troisième étape du labeur humain, après le travail libre et l'esclavage.

16

Un pêcheur africain pêche le poisson nécessaire pour nourrir sa famille, puis s'arrête pour contempler le coucher du soleil. Passe un capitaliste. « Pourquoi s'arrêter de pêcher ? — Et pourquoi continuer ? — Pour aller vendre le surplus à la ville. — Et pourquoi ? — Pour accumuler de l'argent pour acheter un bateau. — Et pourquoi ? — Pour pêcher encore plus de poisson et le vendre et acheter une maison et puis vous reposer, et regarder le coucher du soleil. » Le capitaliste parle de la reproduction élargie, où la plus-value est réinvestie dans le processus de production.

17

Le surplus permet de lancer de nouveaux cycles de production. Jamais le capitaliste ne peut consommer le surplus, d'ailleurs sa bouche serait bien trop petite ! Toujours il se lancera dans un nouveau cycle de fabrication, plus large. Ayant vendu des voitures à une minorité, il les vendra à toute une population, puis à la Chine entière. Ainsi l'argent du capitaliste est valorisé par une production plus grande et cette production est à son tour valorisée par une masse d'argent plus grande.

18

A-M-A : argent, marchandise, argent : reproduction simple.

19

A-M-A' : A' supérieur à A, plus d'argent grâce à la plus-value : reproduction élargie.

20

Mais pourquoi les capitalistes veulent-ils toujours plus d'argent ? Pourquoi accumulent-ils au-delà de ce qu'ils ne pourront jamais consommer, mille vies leur seraient-elles dévolues ? Pourquoi cultivent-ils un idéal absurde de gloutonnerie monétaire, qui n'est au bout du compte qu'une privation et un ascétisme comparé à ce que leur pauvre estomac pourra manger, leurs pauvres yeux voir, leurs mains toucher, dans le peu de temps qui leur reste à vivre ? C'est l'esprit du capitalisme de Max Weber : l'idéal de « l'homme le plus riche du cimetière », qui accumule non pour sa propre jouissance mais pour celle de ses enfants, sachant que ses enfants eux-mêmes accumuleront non pour leur jouissance mais pour celle de leurs arrière-petits-enfants, et ainsi de suite à l'infini. En offrant son tas d'or à Dieu sur sa tombe, le capitaliste a lui aussi réalisé, volontairement, ce que l'ouvrier a subi mais il a lui aussi « perdu sa vie à la gagner ». Ainsi, à l'infamie de la vie du prolétaire, à qui l'on a interdit de vivre, a répondu l'horreur de celle du capitaliste, l'avare ou le marchand puritain, celui qui ne peut jouir. Marx dit : « Moins tu bois, tu manges, achètes de livres, vas au théâtre, au bal, au cabaret, moins tu penses, tu chantes, plus tu épargnes, augmentes ton trésor. » Et tu crèveras sur ton tas d'or aussi pauvre que Job qui crevait sur son tas de fumier. Mais celui qui refuse de jouir est celui qui ne peut jouir que de la mort de l'autre, le vampire qui se nourrit de l'énergie d'autrui, « le jouisseur sans âme qui se débauche frénétiquement et considère le travail asservi, la sueur et le sang d'autrui comme la proie du désir, qui en tout homme et dès lors en lui-même voit un être sacrifié et vide [1] », le sadique porteur d'un instinct de mort qui ne peut vivre que de la mort de celui qu'il fait souffrir. Il n'utilise l'énergie qu'il a sucée qu'à une nouvelle entreprise de vampirisation, ou parfois à des dépenses inutiles. Il ignore la richesse, à laquelle il substitue une jouissance morbide qui n'est que « la réalisation de sa propre inhumanité ».

1. *Économie et philosophie*, in *Œuvres*, t. II, p. 98.

## 21

Pourquoi les capitalistes veulent-ils plus d'argent ? Parce qu'ils ne peuvent faire autrement, dit Marx, ils sont comme le cycliste sur son vélo condamné à pédaler pour ne pas tomber. Ce qui veut dire que le capital tombera. En attendant, pédale plus vite, tu as le progrès au cul !

# VIII

# La baisse tendancielle du taux de profit et la loi de la concentration

La baisse du taux de profit, de toutes les lois *de l'économie politique moderne, la plus importante* qui soit.

K. M., *Principes d'une critique de l'économie politique*, souligné par lui-même

*Il existe une limite inhérente, non pas à la production en général, mais à la production fondée sur le capital.* Car le capital n'est pas la forme absolue du développement des forces productives et la richesse n'y coïncide pas absolument.

K. M., *ibid.*, souligné par lui-même

## 1

Le développement des forces productives est potentiellement infini. Le capital limite l'épanouissement des forces productives. Il se voue lui-même à l'autodestruction avec la « baisse tendancielle du taux de profit ».

2

Marx pensait qu'il avait découvert avec la baisse tendancielle du taux de profit une loi aussi importante que celle de la plus-value. Pourtant, cette baisse tendancielle n'a rien de mystérieux. Le taux de profit est le rapport entre le profit et le capital. Le profit est la différence entre la valeur d'échange de la marchandise et le coût de production de la marchandise : le salaire versé aux ouvriers, l'amortissement du capital (du travail mort) et les prix des matières premières et des « intrants » ayant servi à la production. Si l'on assimile la valeur des matières premières à celle du travail qu'elles ont nécessité, et l'amortissement à la valeur du travail destiné à remplacer les machines, le profit peut, en simplifiant, s'assimiler à la plus-value. Rapportée à la valeur du capital fixe investi, et à la totalité des salaires versés, elle donne le taux de profit au sens de Marx. Les économistes ont une mesure différente : ils rapportent simplement le profit au capital fixe, qui équivaut à un capital monétaire avancé. Le taux de profit est alors l'argent que permet de gagner l'argent-capital du capitalisme : 5 %, 10 %, 20 %, etc. Il n'est pas gênant de considérer indifféremment la conception marxienne ou vulgaire du taux de profit.

3

La baisse tendancielle du taux de profit est une simple conséquence de la concurrence : quand un marché « rapporte », de plus en plus de capitalistes arrivent, investissent, et la concurrence les oblige à faire pression sur les prix. Les prix baissent, les salaires baissent, mais certains capitalistes finissent par sortir de ce marché pour en créer un nouveau qui correspond à un nouveau produit : on parle d'innovation.

4

Pour baisser leurs tarifs, les capitalistes ont tendance à produire de plus en plus, afin d'amortir les coûts sur de grandes productions : la surproduction accompagne la baisse tendancielle du taux de profit. Certes, il existe plusieurs moyens de retarder la baisse : la surexploitation du travail, la recherche d'une main-d'œuvre que l'on paye moins, ou que l'on peut faire travailler plus pour le même salaire ; le remplacement du travail par des machines ; l'appel à de la main-d'œuvre étrangère par la délocalisation des productions. Mais, tôt ou tard, la baisse tendancielle rattrape le profit.

5

Lorsque le profit est nul, les capitalistes disparaissent : la crise de surproduction a laminé le capital.

6

L'innovation permet de reculer la baisse tendancielle du taux de profit. En inventant de nouveaux produits et de nouveaux marchés, et en inventant de nouvelles méthodes de production, les capitalistes la retardent. Ainsi, l'invention de la chaîne de montage « à la Taylor » est un moment de très fort accroissement de la productivité du travail, autrement dit de baisse du coût du travail ; l'invention du « toyotisme » – la production décentralisée et responsabilisée – en est un autre ; puis l'introduction des ordinateurs dans la chaîne ; puis l'automatisation. Mais il ne s'agit que de retarder la baisse : car à qui les capitalistes vendront-ils les marchandises produites par des robots ? Les vagues d'innovations, petit à petit, diminuent et s'étalent, puis meurent à cause de la baisse du profit.

7

L'innovation permet aussi de créer de nouveaux besoins : voiture, ordinateur, téléphone portable : sans cesse les ouvriers sont sollicités de produire de nouveaux objets pour de nouveaux besoins. D'objet en objet, le capitaliste retarde la baisse du taux de profit. Mais tôt ou tard la baisse rattrape le profit.

8

La crise boursière est une excellente manière de donner un coup de fouet au taux de profit, en dévalorisant simplement le capital : mécaniquement, la *profitabilité* du capital augmente par la perte de valeur de celui-ci : moins d'argent avancé rapporte plus d'argent. C'est alors l'épargnant et le rentier que le capitaliste a ruinés pour maintenir son profit. Souvent l'épargnant est un petit épargnant. L'hyperinflation allemande fut un moyen pour la grande industrie de ruiner les classes moyennes et de revaloriser considérablement le taux de profit. « Je ne suis pas encore riche, mais je dois déjà un milliard », disait cet industriel allemand. Les classes moyennes ruinées formèrent l'armature du nazisme, et les industriels leur fournirent les armes adéquates. C'est pourquoi la guerre est, avec la crise boursière, le deuxième grand moyen de retarder la baisse tendancielle. Et c'est pourquoi la guerre suit généralement la crise.

9

Marx pense que la bourgeoisie est innovante, détruit les vieilles structures, les castes, les corporations, les familles, les féodalités. La bourgeoisie doit accomplir son œuvre, faire son travail historique : tout liquider par l'argent, tout marchandiser : l'art, le sexe, la politique, l'amitié, la création, la recherche. Une fois que tout aura la liquidité et la couleur métallique de l'argent, il suffira de lever cette triste pellicule, et dessous apparaîtra le communisme. Il n'y aura plus d'exploitation de l'homme par l'homme, plus de division du travail entre intellectuels et manuels, plus de division entre ville et campagne (la première forme de la division travail manuel/travail intellectuel), plus d'experts et d'économistes qui expliquent l'économie. Le travail sera aboli, et avec lui l'aliénation et la servitude.

10

Marx rejoint Schumpeter : le bourgeois pour l'un, l'entrepreneur pour l'autre, sont des innovateurs. Si le Moyen Âge a déjà préparé tous les ingrédients (propriété privée, individualisme et vision « chrétienne » et égalitaire de la société, laïcisation du temps, travail libre, banque, assurance, comptabilité en partie double...), il ne manque qu'une chose à la sauce capitaliste : l'application du progrès technique à la production de masse, l'accroissement de la productivité et de la division du travail. L'homme a toujours été bricoleur depuis Tautavel, qui a domestiqué le feu (450 000 ans av. J.-C.), mais désormais les inventions seront soumises à la nécessité d'accroître la production. Et Einstein ? Certes, mais outre qu'il travaillait à l'Office des brevets de Berne, derrière les grands inventeurs suivent les développeurs, les

« appliqueurs », ceux qui cherchent à fournir toujours plus d'énergie au capital par le biais du travail. Le « nouveau » est l'obsession du capitaliste, qui veut que tout change pour que rien ne change. Sans cesse il doit proposer de nouvelles productions et de nouveaux besoins ; cette innovation perpétuelle est encore un moyen de contrarier la baisse du taux de profit.

11

Dans sa lutte contre la baisse tendancielle, le capitalisme met sous le joug de nouvelles catégories de main-d'œuvre : les femmes après les paysans, les Chinois après les Américains et les Européens. La mise au travail des femmes a exigé l'invention du micro-ondes et du frigo : toute innovation ne sert qu'à accroître la productivité du travail.

12

La mise au travail du Chinois est le grand moment que nous vivons.

13

Chaque grande innovation porte un grand cycle de production : cycle du charbon et de la machine à vapeur, de l'électricité, du pétrole et de la voiture, de l'ordinateur. À chaque cycle correspondent de grandes crises au moment où le profit atteint son terme. Aujourd'hui, l'industrie automobile est à son terme, et les bio- puis les nanotechnologies, l'industrie du vivant devraient prendre le relais.

14

L'innovation permet de sauter de crise en crise. Mais, de crise en crise, le prolétariat s'accroît, l'exploitation aussi, et s'accumule un immense tas de marchandises et d'argent qui ne demandent qu'à être distribués comme les poissons de la pêche miraculeuse ; la bourgeoisie, dont la taille se réduit comme une peau de chagrin face à la prolétarisation du monde et sa paupérisation croissante, disparaît, presque naturellement, et la prise au tas commence. Les objets et l'argent sont harmonieusement distribués.

15

*La loi de la concentration du capital* est le corollaire de la baisse tendancielle du taux de profit. Pendant la lutte entre capitalistes imposée par la baisse du taux de profit, les plus faibles sont absorbés par les plus forts. La baisse du taux de profit relève du darwinisme économique : les gros mangent les petits, et puis se mangent entre eux jusqu'à disparaître, jusqu'à ce qu'il ne reste plus qu'une firme dominant un secteur (un monopole), ou plusieurs firmes ayant signé un pacte de non-agression (un oligopole se comportant comme un monopole). Marx révérait Darwin. Il envisagea de lui dédier *Le Capital.* Sollicité, Darwin déclina l'offre.

16

Des centaines de producteurs d'automobiles en France avant la guerre de 1914, deux aujourd'hui. Inéluctablement, la compétition engendre la concentration. Au terme de la compétition, une ou quelques entreprises agissant en monopole caché peuvent capter la plus-value qu'elles désirent : les salariés ne perçoivent que le minimum vital, et tout le reste passe en profits. Les autres prolétaires, inutiles à l'entreprise en tant que valorisateurs du capital (en tant que consommateurs payés pour consommer), peuvent disparaître. On peut imaginer que le capitalisme débouche sur un racket éternel de l'humanité organisé par quelques monopoles sur chaque marché. Marx envisagea et chassa cette hypothèse. Le capitaliste ne peut se contenter d'un « racket » normal, et veut toujours plus d'argent. Cette cupidité inextinguible, et aussi le désir d'enrichissement et d'innovation des aspirants capitalistes, amènent à bousculer l'ordre établi et chercher de nouvelles occasions d'extorquer de la plus-value. La cupidité infinie des capitalistes les pousse jusqu'au suicide, jusqu'au point où ils désirent « vendre la corde pour les pendre ».

# IX

# Communisme

> Le travail est libre dans tous les pays civilisés ; il ne s'agit pas de rendre le travail libre, mais de l'abolir.
>
> K. M., *L'Idéologie allemande*

> Le communisme est l'énigme de l'histoire résolue et il sait qu'il est cette solution.
>
> K. M., *Ébauche d'une critique de l'économie politique*

> À la vérité, le règne de la liberté commence seulement à partir du moment où cesse le travail dicté par la nécessité et les fins extérieures.
>
> K. M., *Le Capital,* livre III

## 1

Le communisme commence où l'économie s'arrête, où la question de la rareté est résolue, où la question de la propriété ne se pose plus. Marx dit : « Le communisme se situe hors de la sphère de la production matérielle. Il se situe donc, par sa nature même, au-delà de la sphère de la production matérielle proprement dite. Tout comme l'homme primitif, l'homme civilisé est forcé de se mesurer avec la nature pour satisfaire ses besoins, conserver et reproduire sa vie ; cette contrainte existe pour l'homme dans toutes les formes de société et sous tous les types de production. Avec son développement, cet empire de la nécessité naturelle s'élargit parce que les besoins se multiplient ; mais, en même temps se développe le processus productif pour les satisfaire. Dans ce domaine, la liberté ne peut consister qu'en ceci : les producteurs associés – l'homme socialisé – règlent de manière rationnelle leurs échanges organiques avec la nature et les soumettent à leur contrôle commun au lieu d'être dominés par la puissance aveugle de ces échanges ; et ils les accomplissent en dépensant le moins d'énergie possible, dans les conditions les plus dignes, les plus conformes à leur nature humaine. Mais l'empire de la nécessité n'en subsiste pas moins. C'est au-delà que commence l'épanouissement de la puissance humaine qui est sa propre fin, le véritable règne de la liberté qui, cependant, ne peut fleurir qu'en se fondant sur ce règne de la nécessité. La réduction de la journée de travail est la condition fondamentale de cette libération [1]. » Le communisme dépasse l'« empire de la nécessité naturelle ».

## 2

Le communisme naît lorsque la question des besoins est résolue. L'insatisfaction perpétuelle, l'insatiabilité n'existent plus. Il résout la question du détour de la vie présente pour une vie future qui n'arrive jamais. Le communisme ne nous transforme pas en moines soumis à la répétition des heures, c'est-à-dire à l'abolition du temporel qui est aussi une fin de l'histoire. Il nous restitue les

1. *Le Capital*, livre III, in *Œuvres*, t. II, p. 1487.

désirs qui désormais nous appartiennent. Instinct et raison ont fusionné chez l'homme communiste.

3

L'abolition de l'économie passe par l'abolition de la division du travail. Lorsque l'abolition de la division du travail et du travail lui-même est réalisée, les besoins humains sont satisfaits et l'homme est capable de les satisfaire. « Dans une phase supérieure de la société communiste, quand auront disparu l'asservissante subordination de l'individu à la division du travail et, par suite, l'opposition entre le travail intellectuel et le travail corporel ; quand le travail sera devenu non seulement le moyen de vivre, mais encore le premier besoin de la vie ; quand, avec l'épanouissement universel des individus, les forces productives se seront accrues et que toutes les sources de la richesse coopérative jailliront avec abondance – alors seulement on pourra s'évader une bonne fois de l'étroit horizon du droit bourgeois, et la société pourra écrire sur ses bannières : "De chacun selon ses capacités à chacun selon ses besoins"[1]. »

4

« De chacun selon ses capacités » est un slogan de la nécessité ; « à chacun selon ses besoins » est un slogan de l'abondance ; le communisme résout la contradiction nécessité/abondance.

1. « Critique du programme du Parti ouvrier allemand », in *Œuvres*, t. I, p. 1420.

## 5

L'abolition de la division du travail signifie l'abolition de la division fondamentale ville/campagne et de celle, tout aussi essentielle, entre travail manuel et travail intellectuel. Lorsque la division du travail est abolie, « personne n'est enfermé dans un cercle exclusif d'activités ; chacun peut se former dans n'importe quelle branche de son choix ; c'est la société qui règle la production générale et qui me permet ainsi de faire aujourd'hui telle chose, demain telle autre, de chasser le matin, de pêcher l'après-midi, de m'occuper d'élevage le soir et de m'adonner à la critique après le repas, selon que j'en ai envie, sans jamais devenir chasseur, pêcheur, berger ou critique [1]. »

## 6

Comme chaque besoin est satisfait, et comme chaque besoin est à la base d'un désir, l'organisation communiste libère les désirs. Mais comment répondre à cette libération, et surtout quels seront ces désirs libérés, qui relèveront de la *passion* ? Marx l'ignore, mais est très optimiste : « Quels seront les désirs modifiés, et quels seront éteints dans l'organisation communiste, on ne peut le décider que de manière pratique, par la modification des désirs réels, pratiques, et non par comparaison avec des circonstances appartenant au passé [2]. » Autrement dit, on verra quand on y sera. Dans cette phrase, le goulag et le stalinisme. Le seul désir que satisfont les prolétaires est le désir sexuel, qui est plus un instinct qu'un désir, par lequel ils construisent sans relâche l'armée de réserve. Quel autre désir pour les prolétaires ?

1. *L'Idéologie allemande*, in *Œuvres*, t. III, p. 1065.
2. *Ibid.*, p. 1207.

Celui de beauté, sans doute, alors que le capitalisme leur fabrique un monde d'une laideur à vomir. « L'homme a besoin de pain mais aussi de poésie » (Éluard).

7

Le communisme est le lieu de la résolution des conflits, comme l'Évangile, où le commandement de tendre l'autre joue dénoue le cycle infini des violences réciproques et des vendettas. Dans le communisme, activité et passivité fusionnent, essence et conscience, de même que matérialisme et spiritualisme.

8

Dans le communisme, le rapport aux objets est changé. Le besoin et la jouissance perdent leur nature égoïste, tandis que la nature perd sa simple utilité pour devenir utilité humaine. De même, les sens et la jouissance de l'autre deviennent mon appropriation. La société communiste redonne à l'homme la possession des objets dont l'avait privé la propriété.

9

La société communiste doit avoir aboli l'envie ou le désir de l'autre, autrement dit le mimétisme. Alors, sans doute, pourra-t-on jouir d'un bien, sachant que l'autre peut en jouir aussi. Tout bien est collectif. Le communisme implique une révolution culturelle, et non « le retour à la simplicité naturelle de l'homme dépourvu et sans désir [1] » (la décroissance, très peu pour Marx !), et

1. « Ébauche d'une critique de l'économie politique », in *Œuvres*, t. II, p. 78.

un rapport à l'autre où l'autre devient un besoin humain, au sens où le besoin de l'autre devient mon propre besoin : il n'y a que le rapport homme/femme qui prélude à ce que sera l'homme communiste : là, « le rapport de l'homme révèle aussi dans quelle mesure le besoin de l'homme est devenu un besoin humain, dans quelle mesure l'autre est devenu un besoin, dans quelle mesure son existence la plus individuelle est en même temps celle d'un être social [1] ». Le communisme réalise la fusion des êtres comme l'amour réalise la fusion de l'homme et de la femme, et la fusion de chaque homme dans l'espèce, de l'individu et de la collectivité dans un acte d'amour.

## 10

Le communisme prend modèle sur la jouissance dans la fusion des corps, le moment où les sexes disparaissent et où l'homme et la femme fusionnent dans le bonheur. Dans la fusion sexuelle disparaît la vieille division du travail et l'exploitation primaire de la femme par l'homme. Le plaisir de l'autre est mon plaisir. Dans le communisme, la jouissance de l'autre est la mienne – alors que dans le capitalisme, le plaisir de l'autre est mon déplaisir. Parce que des organes sociaux se créent, l'association devient « un moyen de manifester l'existence et un monde pour s'approprier la vie humaine [2] ». Des superorganismes intègrent les organismes humains. La collectivité devient une personne. Dans le communisme, les sens seront capables de jouissance humaine, une oreille vraiment humaine, des yeux humains, des sens qui peuvent être utilisés à leur pleine capacité, alors

1. *Ibid.*, p. 78.
2. *Économie et philosophie*, in *Œuvres*, t. II, p. 84.

que présentement ils ne le sont pas, maintenus dans la grossièreté par les objets aliénés : de même que la musique n'évoque rien pour l'oreille qui n'est pas musicale, de même les objets communistes seront à l'œil aussi beaux que les tableaux de maîtres à l'œil du maître : « L'éducation des cinq sens est l'œuvre de l'histoire universelle tout entière [1]. »

11

C'est pourquoi la société communiste est pleinement sensuelle, alors que dans la société capitaliste « l'avoir est l'aliénation de tous les sens ».

12

« Les soucis passent, le souci demeure » (Jünger) : l'homme communiste est débarrassé du souci et du besoin « qui rendaient l'homme insensible au plus beau des spectacles ». Il est « l'homme profond ».

13

Que se passera-t-il quand nous deviendrons humains ? Quand nous produirons comme des humains ? Je serai heureux de créer et de produire ma vie en créant, et tout aussi heureux serai-je de répondre à la création d'autrui. « J'aurai la joie de créer les manifestations de ta vie. Nos manifestations seront autant de miroirs où nos êtres rayonneront l'un vers l'autre [2]. » Le miroir que devient l'autre me donne une image fraternelle et apaisée : le communisme abolit le mimétisme haineux dont parle

1. *Ibid.*, p. 85.
2. *Économie et philosophie*, notes de lecture, in *Œuvres*, t. II, p. 33.

René Girard, la jalousie et le désir de l'autre pour le tuer évoqués par Freud. *Le communisme est un christianisme sur ses pieds :* je n'ai plus besoin de tendre l'autre joue, car l'autre ne veut plus me frapper. Il réalise la fusion entre moi et l'autre. « L'égoïsme autant que l'altruisme est, dans certaines conditions sociales, une forme nécessaire de l'affirmation des individus[1]. » Égoïsme et altruisme perdront leur sens.

## 14

L'épanouissement dans le travail est une condition de la société communiste. « Pour un communiste, l'opposition entre travail et jouissance est sans fondement[2]. » Mon travail devient une manifestation libre de la vie, une jouissance de la vie, et le travail ne sert plus à l'accumulation, car le travail comme tel – pour autant que son seul but est l'accroissement de la richesse – « est nuisible et funeste[3]. » Le communisme abolit l'accumulation, la paupérisation, l'aliénation croissante, la souffrance croissante, et le cycle où « l'ouvrier devient lui-même une marchandise d'autant plus vile qu'il crée plus de marchandises. Plus le monde des choses augmente en valeur, plus le monde des hommes se dévalorise[4] ». Dans le capitalisme, l'homme ne produit pas seulement des marchandises, il se produit lui-même comme marchandise consommatrice de marchandises, et marchandise de plus en plus vile. Au terme de ce processus de production d'objets, l'homme s'est vidé de sa substance au profit des

1. *L'Idéologie allemande*, in *Œuvres*, t. III, p. 1203.
2. *Ibid.*, p. 1187.
3. « Ébauche d'une critique de l'économie politique », in *Œuvres*, t. II, p. 45.
4. *Économie et philosophie*, in *Œuvres*, t. II, p. 58.

objets et est devenu objet. Tel fut le destin de l'ouvrier de la mine, tel est celui du cadre de France Télécom. Plus il produit, crée de valeurs, plus il perd en valeur et dignité ; plus son objet est civilisé, plus le travailleur est barbare. Le trader boursier, dont on admire la virtuosité et dont on envie les grosses voitures, est le prototype de l'homme machinal, bientôt remplacé par les algorithmes dont il remplit l'ordinateur auquel est collé son visage jour et nuit. Il a fait de laborieuses études, remue des milliards et gagne des millions, et son travail est plus bête que celui d'un travailleur à la chaîne. Suivant des courbes, des graphes et des taux de ses yeux fatigués, il devient étranger à son travail, étranger à l'homme.

15

Le travail dans la société communiste cesse de produire l'homme comme marchandise.

16

L'homme communiste, conscient d'être un être social, ne fait rien qu'il ne fasse pour la société. Son besoin de jouissance perd sa nature égoïste. Il jouit de ce paysage quand l'autre en jouit et parce que l'autre en jouit. L'exclusion (mon litre d'essence, ma voiture) est abolie. Désormais, je jouis même du désir que tu as pour *ta* voiture, et du désir que tu éprouves pour *ma* propre voiture, dans un jeu de miroirs à l'infini. Et la voiture objet de propriété a disparu au profit de la promenade ou de la vitesse partagée. La souffrance que me procure l'autre parce que je l'envie et envie ses possessions a disparu. Lorsque je deviens l'homme social, altruiste, conscient de produire pour la jouissance de l'autre, je perds l'envie que j'avais des objets de l'autre et je tends l'autre joue au désir de l'autre. L'argent disparaît, qui médiatisait la souffrance que me procurait la propriété des objets par l'autre, l'argent auquel je me soumettais et aliénais mon travail.

17

« Le communisme primitif commence avec l'athéisme [1] », et après avoir nié le dieu des Évangiles, l'athéisme doit nier le dieu argent qui a remplacé le dieu des Évangiles. C'est pourquoi, dans le communisme achevé, la forme achevée de la société humaine, « l'athéisme n'a plus de sens, qui, par la négation de Dieu, pose l'existence de l'homme. Le socialisme en tant que tel n'a plus besoin de cette médiation. Il est la conscience de soi positive qui ne doit plus rien à la religion [2]. »

18

Le nouvel évangile des objets est aboli. Autrefois, plus l'homme plaçait d'espoir en Dieu, moins il croyait en lui-même. Aujourd'hui, plus l'homme croit aux objets, moins il espère en lui-même. Demain, moins il croira aux objets, plus il espérera dans autrui.

19

Si le communisme est l'énigme de l'histoire résolue, il est un aboutissement, une fin de l'histoire, un épuisement de la violence faite à l'homme et à la nature. Le besoin, la passion et la jouissance existent toujours, ils sont même perpétuels, mais ils ont perdu leur caractère délétère et

1. *Ibid.*, p. 80.
2. *Ibid.*, p. 89.

individualiste. Besoin, passion et jouissance sont collectifs. Alors que l'homme du capitalisme est celui de la « foule solitaire », la foule grise se rendant au travail, l'homme du communisme appartient à la foule heureuse.

20

Le communisme libère l'homme de la nature. Certes, l'homme n'est pas soumis à la nature comme l'animal, et son activité consciente vitale le sépare de celle-ci, alors que l'animal ne fait qu'un avec elle. L'animal ne reproduit que lui-même, l'homme produit la nature avec lui-même : il la transforme et se produit. « Mais il ne se produit vraiment que lorsqu'il est libéré de la nature [1]. » Il n'est pas soumis à elle comme l'Indien parasite des troupeaux de bisons. Ce qui veut dire qu'appartient intrinsèquement à l'humanité la constitution de surplus. L'animal ne constitue pas de surplus. Il peut engranger des noisettes comme l'écureuil, mais son lien vital avec la nature lui impose de consommer intégralement, par l'accroissement de sa population d'écureuils, ces surplus. Les surplus de l'homme communiste sont des surplus de sagesse, de savoir et de beauté qui peuvent croître à l'infini.

21

Dans le communisme, la nature redevient un lien avec l'homme. « L'essence humaine de la nature n'existe que pour l'homme social ; car c'est là seulement que la nature est pour lui un lien avec l'homme, c'est là qu'il vit pour l'autre et l'autre pour lui, c'est là qu'elle est le fondement de sa propre existence humaine et l'élément vital de l'humaine

1. *Ibid.*, p. 64. Et Marx ajoute : « Il sait appliquer à tout objet sa mesure inhérente ; aussi sait-il créer selon les lois de la beauté. »

réalité. C'est là seulement que sa vie naturelle est sa vie humaine, que la nature est devenue pour lui humaine. La société est l'unité essentielle et parfaite de l'homme avec la nature, la vraie résurrection de la nature, le naturalisme accompli de l'homme et l'humanisme accompli de la nature [1]. » Le capitalisme détruit la nature. Après avoir détruit la nature dans la phase capitaliste, l'homme l'humanisera comme elle le « naturalisera » : « L'homme est devenu pour l'homme la réalité de la nature, et la nature est devenue pour l'homme la réalité de l'homme [2]. »

## 22

Le communisme est le lieu de la synthèse, de l'unité des contraires et du dépassement de l'unité des contraires : l'homme uni avec la nature, l'homme individuel avec l'homme social (« conscient d'agir en tant qu'être social, je ne fais rien de moi-même que je ne fasse pour la société [3] »), l'ouvrier uni au capitaliste, la ville à la campagne, la pensée à l'action, l'esprit à la matière, le travail au loisir, l'idéal au réel ; le lieu de mon existence théorique (abstraite) et de mon existence sociale (concrète) : « Dans sa conscience générique, l'homme affirme sa vie sociale concrète et ne fait que répéter dans la pensée son existence réelle. L'homme devient la totalité idéale, il jouit de la société en tant que totalité d'énergies humaines [4]. » Et le communisme est le lieu d'autres unités encore : l'homme et la femme par exemple. Le policier et le voleur. Le criminel et la victime. Le croyant

1. *Ibid.*, p. 81.
2. *Ibid.*, p. 89.
3. *Ibid.*, p. 81.
4. *Ibid.*, p. 82.

et l'athée. Le vieux et le jeune, le vivant et le mort ; d'ailleurs, le temps est aboli par la fin de l'histoire.

## 23

Enfin l'homme s'approprie les objets dont il n'est plus propriétaire, et cette appropriation nouvelle est l'affirmation de sa réalité humaine, alors que la propriété privée en faisait un étranger à soi, un homme ne disposant plus de ses cinq sens, un *aliéné.* « L'abolition de la propriété privée – c'est-à-dire l'appropriation sensible par l'homme et pour l'homme de la vie et de l'être humains, de l'homme objectif, des œuvres humaines – ne doit pas être comprise dans le sens de la jouissance *immédiate, partiale,* dans le sens de la possession, de l'avoir. L'homme s'approprie sa nature de manière universelle, donc en tant qu'*être total...* Chacun de ses rapports humains avec le monde, voir, entendre, sentir, goûter, penser, contempler, vouloir, agir, aimer, bref, tous les actes de son individualité, aussi bien que, sous leur forme directe, ses organes génériques, sont, dans leur comportement envers l'objet, l'appropriation de celui-ci [1]. » Mais comment devenir vraiment propriétaire d'un objet ? Si cet objet n'est pas notre propriété, s'il n'est pas là pour susciter l'échange, l'envie ou le désir de l'autre, je peux véritablement jouir d'un objet car je sais que l'autre peut en jouir aussi. L'exclusion engendrait la rivalité, le mimétisme, le désir de l'autre et la haine, le communisme engendre l'amour du prochain qui jouit avec moi dans la propriété collective des objets.

1. *Ibid.*, p. 82-83.

## 24

Le communisme abolit l'argent, qui est la perversion générale des individualités, qui transforme la fidélité en infidélité, l'amour en haine, la vertu en vice, le vice en vertu, le maître en valet et le valet en maître, qui est le monde à l'envers, comme Mammon est l'image inversée de Dieu dans la réalité des hommes. L'argent change l'idée en réalité (j'en ai) ou la réalité en idée (je n'en ai pas). Dans le communisme, où l'argent a disparu, l'amour ne peut s'échanger que contre de l'amour, la confiance contre la confiance, l'art contre le sens artistique. Dans le communisme, tout est troc, amour et fraternité. « J'aurais conscience de servir de médiateur entre toi et le genre humain, d'être reconnu et ressenti par toi comme un complément à ton propre être et comme une partie essentielle de toi-même ; j'aurais dans mes manifestations individuelles la joie de créer la manifestation de ta vie [...]. Nos productions seraient autant de miroirs où nos êtres rayonneraient l'un vers l'autre [1]. »

## 25

Être et avoir, apparence et essence ont fusionné chez l'homme communiste : « Vous avez toujours été des hommes, mais il vous manquait simplement la conscience de ce que vous étiez ; et voilà pourquoi vous n'avez jamais été dans la réalité des hommes vrais ; pour cette raison votre apparence ne correspondait pas à votre essence. Vous étiez des hommes et vous ne l'étiez pas [2]. » L'homme communiste n'est plus dans la cupidité, le désir et le besoin. Et Marx de citer saint Paul : « Ceux qui

1. Notes de lecture, *Économie et philosophie*, in *Œuvres*, t. II, p. 33.
2. *L'Idéologie allemande*, in *Œuvres*, t. III, p. 1204.

appartiennent à Jésus-Christ ont sacrifié leur chair avec ses désirs et ses convoitises » (Épître aux Galates, V, 24). Le cupide n'a rien qui soit à lui, il est un esclave, et il ne peut rien faire dans son intérêt sans le faire en même temps dans l'intérêt de son maître, l'argent. Dans la société communiste, la cupidité a disparu, qui était le désir infini d'argent pour soi au détriment des autres, et qui n'était que désir de l'infini.

## 26

Mais l'homme communiste n'est pas l'homme chrétien, car les désirs et la chair n'ont pas disparu chez lui, au contraire, ils sont devenus passionnés. Le christianisme ne voulait nous affranchir de la domination de la chair et des « convoitises impulsives » que parce qu'il considérait notre chair et nos désirs comme étrangers à nous-mêmes.

## 27

À propos de Stirner « maître d'école minable » travaillant comme un forçat et n'ayant d'autre solution que de fantasmer, comme Fourier dans sa boutique, Marx parle de « sa pensée indigente stimulée par le foisonnement du désir prédominant soutenu par des causes directement physiques comme la compression du bas-ventre ». Stirner eût porté des pantalons plus larges, il eût dit moins de bêtises. « La répression la plus brutale des désirs habituels, naturels, aboutit à élargir la domination sur la pensée [1]. » Marx est préfreudien : la répression (*Verdrängung*) des appétits ou le refoulement des

1. *Ibid.*, p. 1210.

instincts sont sublimés de façon névrotique dans le travail. Ainsi, le renoncement aux pulsions naturelles (amour et destruction) fait le jeu des institutions, et des lois, et de la culture (Freud, Marcuse). L'homme mène une lutte permanente contre lui-même, « en se dévorant lui-même il affirme son moi ». Il sait refouler ses instincts sous le poids du travail et de la loi. « Que chacun devienne son moi tout-puissant ! » dit Marx. L'éternelle dialectique du désir et de la culture ne le satisfait pas : « Il est absurde qu'on puisse satisfaire une passion séparée de toutes les autres. » Car on perpétue ainsi la division du travail – écrire par exemple – source des maux. Cette passion prenant un caractère autonome, abstrait, véritable puissance étrangère, met en cause la conscience. L'homme est totalement passionné et passionné en tout ou n'est rien. Le fait que le talent artistique soit concentré en si peu de gens est une conséquence de la division du travail. Marcuse a pris chez Marx sa notion d'homme unidimensionnel, n'ayant qu'une dimension à cause de la division du travail : « L'individu comme tel, considéré isolément, est subordonné à la division du travail ; c'est par celle-ci qu'il est déterminé, mutilé, réduit à une dimension [1]. » Quelle est, en face, la dimension du bourgeois ? « La fainéantise jouisseuse », le bien-être « répugnant » du rentier. Dans une organisation communiste de la société, l'assujettissement de l'artiste à l'esprit borné du lieu et de la nation aura disparu. Cette étroitesse d'esprit est un pur résultat de la division du travail. Disparaîtra également l'assujettissement de l'individu à tel art déterminé qui le réduit au rôle exclusif de peintre, de sculpteur, etc. De sorte

1. *Ibid.*, p. 1320.

que, à elle seule, l'appellation reflète parfaitement l'étroitesse de son développement professionnel et sa dépendance à l'égard de la division du travail. « Dans une société communiste, il n'y a pas de peintres, mais tout au plus des êtres humains, qui, entre autres choses, font de la peinture [1]. »

## 28

La société communiste arrivera à son heure, au terme d'une première étape, le développement des forces productives par le capitalisme quand celles-ci « auront atteint ce degré de développement qui rendra superflue la concurrence ». Arrivera un moment où, dans le capitalisme, la propriété privée et la division du travail seront des obstacles au développement des forces productives, à l'expansion de la création et de la production humaines. Alors le capitalisme s'effondrera de lui-même comme un château de cartes.

## 29

Staline voulut pousser en avant et trop vite la roue de l'histoire, et ne réussit qu'à écraser son peuple. « Jusqu'à présent, toutes les libérations se sont appuyées sur des forces productives limitées. Leur production, insuffisante pour satisfaire toute la société, ne permettait un progrès que si certains individus satisfaisaient leurs besoins aux dépens des autres, si bien que les uns – la minorité – obtenaient le monopole du progrès, tandis que les autres – la majorité –, en raison de leur lutte continuelle pour le strict nécessaire, étaient provisoirement (c'est-à-dire

1. *Ibid.*, p. 1290.

jusqu'à la création de nouvelles forces productives ayant une portée révolutionnaire) exclus de tout progrès [1]. » Même si « la force est un redoutable agent économique [2] », dit Marx, et si les travailleurs désirent se libérer, il se peut que l'état des forces productives ne permette pas leur libération. Alors la révolte n'est pas révolution.

## 30

Tout viendra à point car il existe un sens de l'histoire. « Bien entendu, il se révèle en l'occurrence que l'épanouissement d'un individu dépend de l'épanouissement de tous ceux avec qui il entretient des contacts directs ou indirects, et qu'il existe un lien entre les différentes générations d'individus qui établissent des relations mutuelles ; si bien que les épigones dépendent, dans leur existence matérielle, de leurs prédécesseurs, en reprennent les forces productives et les moyens de commerce accumulés et en subissent l'influence dans leurs propres relations mutuelles. En un mot, il est démontré qu'une évolution se produit et que l'histoire d'un individu singulier ne peut être séparée en aucun cas de l'histoire des individus d'hier et d'aujourd'hui, mais que cette histoire, au contraire, la détermine [3]. » Il existe donc un temps historique échappant à toute conditionnalité historique, un temps en soi. Il existe un destin et un dessein de l'évolution humaine, vers le communisme.

---

1. *Ibid.*, p. 1315.
2. *Le Capital*, 8e section, in *Œuvres*, t. I, p. 1213.
3. *Ibid.*, p. 1320.

## 31

Dans la société communiste, le hasard est aboli. « Aujourd'hui, c'est l'écrasement de l'individualité par le hasard... l'asservissement de l'individu à la contingence... Le développement des forces productives a pour mission "de substituer à l'emprise des conditions matérielles et du hasard sur les individus l'emprise des individus sur le hasard et sur les conditions matérielles" [1]. » Quand le hasard a disparu, le plan est partout. Dans quel lieu le destin a-t-il disparu, sinon en prison ? La société communiste est-elle le goulag, *1984*, *Le Meilleur des mondes*, ou la termitière de Freud ? Non, car dans la prison ou la termitière, les forces productives ont achevé leur travail. Or, dans la société communiste, l'homme continue de participer à l'expansion des forces productives, lesquelles sont infinies.

## 32

La société communiste nous libérera de l'argent et du mal, Satan : « Mais l'inhumain qui sommeille en chacun de nous, comment le contenir ? Comment s'y prendre pour ne pas libérer l'inhumain en même temps que l'homme ? Tout le libéralisme a un ennemi mortel, un contraire insurmontable, ainsi que Dieu a le Diable : tout près de l'homme se tient toujours l'Inhumain, l'égoïste, l'unique. L'État, la société ne viennent pas à bout de ce démon [2]. » Comment ne pas libérer l'inhumain en libérant l'homme ? Les mille ans du Reich millénaire sont-ils les mille ans de l'accumulation de la terreur des forces productives dans la Russie stalinienne,

1. *Ibid.*, p. 1320.
2. Stirner, cité par Marx, *ibid.*, p. 1315.

et les mille ans de l'Apocalypse ? « Les mille ans écoulés, Satan, relâché de sa prison, s'en ira réduire les nations des quatre coins de la terre, Gog et Magog, et les rassembler pour la guerre... Et ils montèrent sur toute l'étendue du pays, puis ils investirent le camp des saints, la cité bien-aimée [1]. »

## 33

Dans la société communiste, chacun s'épanouit universellement, fait un libre exercice de sa vie, a une nouvelle conscience des relations mutuelles, au-delà du « principe d'amour », du dévouement, ou de l'égoïsme. Chacun est le chrétien de l'Évangile, chacun s'est substitué à l'argent comme intermédiaire, *chacun est la monnaie d'autrui.* Je paye de ma personne pour les autres, et les autres me remboursent cash, avec en plus le sourire du crémier. « L'argent, ce *tertium comparationis,* cet éternel troisième terme de comparaison de tous hommes et toutes choses », a laissé la place à l'homme, l'homme qui est devenu un dieu pour l'homme : *homo hominis deus.* La passion du communiste est l'homme devenu dieu. Comme le Christ devient le médiateur universel en triomphant du mal et de la mort (le diable), l'homme remplace le médiateur universel du capitalisme qu'est l'argent (encore le diable). L'homme communiste est le Christ matérialisé, l'Homme qui est tous les hommes, en qui les hommes s'incarnent lorsqu'ils vivent une passion pour l'homme.

1. Apocalypse, XX, 7-9, cité par Marx, *ibid.*, p. 1315.

## 34

Ainsi, le communisme a réalisé le rêve du paradis terrestre, le rêve chrétien de l'amour des hommes. Le communisme est une rédemption des humbles, un christianisme matérialiste et athée.

# X

# Karl, ô Karl, pourquoi m'as-tu abandonné ?

> Christ représente primitivement : 1° les hommes devant Dieu ; 2° Dieu pour les hommes ; 3° les hommes pour l'homme.
>
> Ainsi, par définition, l'argent représente primitivement : 1° la propriété privée pour la propriété privée ; 2° la société pour la propriété privée ; 3° la propriété privée pour la société.
>
> Mais Christ est le Dieu aliéné et l'homme aliéné. La seule valeur de Dieu lui vient de ce qu'il représente Christ ; la seule valeur de l'homme lui vient de ce qu'il représente Christ. La même chose vaut pour l'argent.
>
> K. M., *L'Argent et le Christ,* notes de lecture

## 1

Ainsi, la roue de l'histoire, le développement des « forces productives », la mondialisation, la paupérisation et la prolétarisation du monde conduiront inéluctablement à la société communiste. La bourgeoisie a joué dans l'histoire un rôle « éminemment révolutionnaire ».

Sa brutalité et sa violence ont participé au bouleversement économique, la force et la violence sont de redoutables agents économiques. Et le capitalisme nous a offert les « forces productives » qui nous permettent de nous libérer. Est-ce bien sûr ?

2

Les révolutions ont toujours échoué parce que la cadence des « forces productives » était en retard sur la musique des révolutionnaires.

3

Rien n'est moins sûr. D'abord, la société capitaliste n'est peut-être pas une société qui « avance », mais qui tourne sur elle-même, comme une vis sans fin creuserait sans fin la terre, les matières premières, et userait de l'énergie humaine, ou comme la mule borgne qui fait tourner la roue de la noria, croyant avancer. La société capitaliste n'est peut-être que l'extension des sociétés sédentaires organisées par l'homme plus de douze mille ans avant J.-C. avec la domestication des bêtes, la sélection des semences, la constitution des premiers surplus et l'invention du parc à animaux, c'est-à-dire de la propriété. Certes, depuis la première mondialisation, celle des grandes découvertes, jusqu'à la dernière, la nôtre, qui met en mouvement et au travail les dernières grandes masses d'humains en Chine, en Inde, au Brésil, le capitalisme a évolué. Les « forces productives », la puissance et la capacité des humains à transformer la terre, ont crû.

4

En termes de mondialisation et de marchandisation du monde, le capitalisme arrive-t-il à son terme ? Sans doute. Demain, les Esquimaux seront capables de faire des voitures dans un monde incapable d'absorber de nouvelles voitures. Après avoir colonisé l'extérieur, les hommes coloniseront l'intérieur : leurs gènes, leur cerveau, leur pensée. Les publicitaires travaillent dur sur l'inconscient et les réactions psychologiques aux messages. La privatisation du langage, la généralisation des marques sont aussi des « avancées » capitalistes. Sans doute chemine-t-on vers la « termitière » tellement redoutée par Freud, mais s'agit-il vraiment d'une avancée ? Même si la vie des hommes s'allonge, une barrière arrêtera bientôt un monde de vieillards occupés à grignoter, année après année, quelques jours de plus destinés à leur vie usée. Après avoir découvert que la Terre était ronde, les hommes redécouvrent ses capacités finies. Malthus est le penseur de notre temps. En attendant le déménagement vers les étoiles d'« hommes nouveaux » moins gloutons en énergie, à la taille et au cerveau plus petits mais plus « efficacement » utilisés, le capitalisme aura atteint bientôt son terme et achevé son travail terrestre.

5

S'il est une chose qui devrait nous conforter dans le marxisme, c'est l'incroyable production de laideur dont a été capable le capitalisme, comme jamais aucun autre système, sans doute parce qu'il a la capacité de construire et de détruire à grande échelle. S'il est vrai, comme le disait Marx, que le développement des forces productives conduirait à un monde d'une laideur croissante, proportionnellement à la dégradation d'un prolétariat devenant de plus en plus inhumain, reconnaissons que le premier terme de la proposition est vrai : des villes transformées en centres commerciaux, des collines en bidonvilles, des côtes en béton, et des océans en dépôts d'ordures, tout ça ne relève pas d'un grand sens esthétique.

## 6

Économiquement, tout ce qu'avait prévu Marx s'est réalisé. Se produisirent la mondialisation et la marchandisation du monde, sa prolétarisation (la transformation en salariés de l'industrie ou des services de l'humanité et la disparition du monde paysan), et sans doute sa paupérisation : la transformation de la terre en décharge et l'augmentation absolue de la pauvreté. S'il y a « seulement » un milliard d'hommes très pauvres aujourd'hui dans un monde de six milliards d'individus, et s'il y en a trois dans un monde de neuf milliards à l'horizon 2050, selon les prévisions de l'ONU, il s'agit bien, quoi qu'en disent les thuriféraires du capitalisme heureux dans la dictature chinoise, d'une paupérisation absolue. D'autant que le revenu médian des plus riches – le revenu de l'Américain du « milieu » par exemple – ne bouge plus depuis trente ans. Mais il est vrai que ces très pauvres vivent plus longtemps, que la mortalité infantile régresse, que l'alphabétisation augmente, que les moyens de communication modernes atteignent aussi les bidonvilles : l'homme d'aujourd'hui n'est pas plus inhumain que celui de 1848, contrairement à la prédiction des « forces productives ».

## 7

Le capitalisme a bien évolué de crise en crise, et à un rythme à peu près décennal – le « cycle des affaires » – comme l'avait aussi prévu Marx. La crise financière de 2008, comparable à celle de 1929, n'a pas fini de produire ses effets. Chaque fois, des innovations ont permis d'atteindre de nouveaux cycles de croissance : après le pétrole et la voiture, l'ordinateur, et demain – peut-être – l'économie dite « verte ». Les lois de la baisse tendancielle du taux de profit et de la concentration ont toujours joué et n'ont pas été déjouées, même s'il n'est pas sûr que l'« économie verte » – dont le concept paraît quelque peu bucolique à l'instant où les Chinois se préparent à acheter un demi-milliard de voitures – permette de résorber le chômage, qui augmente vertigineusement aux États-Unis et en Europe.

## 8

De même, inlassablement, le capitalisme a continué de jouer son rôle admirable de destructeur du lien social, auquel il substitue le lien évanescent de l'argent. « Frissons sacrés et pieuses ferveurs, enthousiasme chevaleresque, mélancolie béotienne, la bourgeoisie a noyé tout cela dans les eaux glacées du calcul égoïste. Elle a dissous la dignité de la personne dans la valeur d'échange… C'est elle qui a montré ce que l'activité humaine est capable de réaliser… C'est elle qui a arraché la population des campagnes à l'abrutissement [1]. » Et c'est presque fini : le capitalisme achève de fondre dans le grand chaudron de la mondialisation marchande l'Afrique, l'Asie, l'Amérique latine.

---

1. *Manifeste du parti communiste*, in *Œuvres*, t. I.

9

Mais à l'abrutissement des campagnes ont succédé la violence et l'abrutissement des banlieues, scandés par les sonneries des téléphones portables et les sirènes des voitures de police. L'urbanisation hideuse a rongé et mité les champs, et les dernières forêts se réduisent comme peau de chagrin. Le massacre joyeux de la terre est bien la dernière étape de la mondialisation. La mise aux enchères de l'air que les hommes respirent à travers les marchés de $CO_2$ est, symboliquement, un moment effrayant de l'histoire de l'humanité. Pour la première fois, en 2010, le nombre d'urbains sur la terre a dépassé le nombre de ruraux. Se réalise sous nos yeux l'abolition de la distinction entre la ville et la campagne, non pas transcendée dans l'utopie citoyenne communiste, comme le rêvait Marx – qui voyait dans la division ville/campagne l'une des formes essentielles de la division du travail, avec la division hommes/femmes –, ou dans la terre transformée en jardin d'Owen, mais dans la généralisation du bidonville, ou, au mieux, de la banlieue : sale, pauvre, bruyante. Les hommes que l'on a soignés et alphabétisés se sont soumis aux maux de l'obésité, des cadences d'autoroutes et de périphériques, de la surpopulation des aéroports sans âme et des plages polluées. À quoi bon lire si ce sont des publicités pour de la nourriture avariée ou des voyages bon marché où la règle est le transport en bétaillère ? « La "majorité silencieuse" post-politique actuelle n'est pas stupide, mais elle est cyniquement résignée » (Slavoj Žižek). Cette résignation cynique répond à l'hédonisme vulgaire et généralisé proposé par la société marchande et spectaculaire. L'homme de l'aboutissement des forces productives est le contemplateur désabusé de ses destructions. Les moments collectifs et communistes qu'il s'offre, dans la synergie des plaisirs partagés, sont les rave parties et les matchs de foot, moments tout à fait honorables, mais que connurent les anciens dans les carnavals, les fêtes dionysiaques et les jeux du cirque, sans machine à vapeur ni métier à tisser.

## 10

Aujourd'hui, 1 400 brevets couvrent le champ des cellules souches humaines. La promesse de vie éternelle prépare les nouvelles enclosures et les nouvelles règles de la propriété : après la vie, *c'est la mort que s'approprie l'homme cynique désabusé de la modernité* (ou post-modernité, ou post-postmodernité ou post-puissance-72-modernité, bref, l'homme de la noria tirée par notre chère mule borgne).

## 11

En massacrant la nature, l'homme ne s'en est pas libéré, au contraire : c'est à son cadavre latéritisé, brûlé, déforesté, vidé de toute vie dans ses océans et ses rivières qu'il est attaché comme Prométhée à son rocher mort, sans que le ronge le vautour du remords. Il est soumis à la nature comme il ne l'a jamais été, à son pétrole, à son uranium, à ses animaux dégénérés et à ses camps de concentration pour les y élever, ces animaux qui détruisent l'espace et empoisonnent son air. L'animal ne reproduit que lui-même, l'homme produit la nature avec lui-même. Or commence une ère où l'homme est totalement soumis à la nature ou plutôt à ce qu'il en reste, à ses cendres. Commence l'ère où la victime triomphe de son assassin, qui lui sera soumis plus qu'un enfant à sa mère, cette mère qu'il a tuée. L'homme s'accroche et tire péniblement par la main le cadavre de sa mère. Où sont aujourd'hui cette « naturalisation de l'homme et cette humanisation de la nature » dont rêvait Marx ?

12

Allons, courage ! fi de la compassion ! Dans la lutte qui doit abolir la bourgeoisie et le capitalisme, Marx vilipende le socialisme petit-bourgeois, « le socialisme du curé : tout comme le curé et le seigneur marchaient la main dans la main, le socialisme du curé est l'allié du socialisme féodal ». Pas de pleurnicherie, de moralisme, de compassion, de philanthropie, de « capitalisme social », d'État providence : le capitalisme n'est pas amendable, il doit être détruit, et il le sera nécessairement par la transformation de la population mondiale en prolétaires qui n'auront à perdre que leurs chaînes, au terme d'une immense crise de surproduction, une crise finale qui mettra à bas les finances et la production. Et sur les ruines du capitalisme qui se sera écroulé de lui-même, les prolétaires construiront la nouvelle société.

13

*Et tout cela est faux.* Oui, la surproduction est bien le terme du capitalisme, oui, le salariat et l'exploitation seront généralisés, même si des artisans et des « auto-entrepreneurs » subsisteront ici ou là ; mais les « prolétaires » n'ont ni les moyens ni l'envie de prendre un quelconque pouvoir dont ils ne sauraient que faire, sinon le déléguer à quelque dictateur efficace autant, sinon plus que la dictature des marchés. La grande découverte moderne, après la crise de 1929, après la deuxième guerre, après les Trente glorieuses et la deuxième mondialisation, est que l'exploitation et la souffrance n'engendrent pas la révolte, mais l'asservissement. C'est le bien-être, la joie de vivre et la liberté qui engendrent la révolte, Mai 1968 en est un bon exemple. La production ne fait pas naître des révoltés, mais des serfs. Comment ne pas voir que ce fantastique développement des forces productives n'a engendré aucun révolutionnaire ? D'abord, au-delà de la prolétarisation et de la bidonvillisation du monde se trouve simplement en question la survie de l'humanité. Après avoir détruit les conditions de vie des humains, c'est de leur survie qu'il est question, à un terme assez proche finalement. De cela Marx ne pouvait être conscient, pour deux raisons : 1) comme Jean-Baptiste Say, il pensait, au fond, que les richesses du monde étaient infinies (cent cinquante ans ont passé depuis *Le Capital*) ; 2) comme les libéraux à leur manière qui croient au progrès scientifique indéfini, Marx pensait que la croissance des forces productives est infinie.

## 14

Certes, la dernière mondialisation, la nôtre, démontre la finitude des ressources, mais non celle des forces productives, dirait Marx : la pensée, la culture, le langage, la connaissance, le savoir, la « science » – même soumise à la technoscience et prostituée au marché comme elle l'est aujourd'hui – apparaissent toujours infinis ; malgré le « tu dois » du Dragon-Marché, tu dois produire et consommer, demeure le « connais-toi toi-même » ou « deviens ce que tu es » des philosophes, « le goût du chemin meilleur que celui de l'auberge » des poètes et des romanciers. Tout cela n'a pas été oublié par les hommes et laisse toujours entrevoir le soi comme une source de réjouissance dans une quête heureuse et infinie, dans un monde où l'être aurait succédé à l'avoir. À l'horizon, dans cette société future calme et « zen » – la société à la Marcuse, où le plaisir sexuel trouve son épanouissement –, la coopération, l'association, le souci d'autrui, bref, l'altruisme et la main qui donne ont succédé à la main qui prend. Aujourd'hui, les hommes n'ont pas oublié la poésie, ils savent, et pourtant font comme s'ils ne savaient pas : ce sont des « salauds » au sens de Sartre. Quand un chef d'État dit : « La maison brûle et nous regardons ailleurs », il a tristement raison. Il pourrait ajouter : et ces salauds d'humains jouissent du spectacle des flammes ; lui le premier, qui a laissé prospérer en France l'agriculture la plus dévastatrice et l'urbanisation la plus hideuse que l'on pouvait imaginer.

## 15

Ainsi, le développement des forces productives – indéniable, immense – de la dernière mondialisation ne conduit absolument pas à ce monde apaisé. Le saccage de la nature continue, les derniers poissons sont exterminés et les derniers arbres abattus. La destruction de la nature n'a jamais été un privilège capitaliste : l'extinction des belles espèces qui peuplaient l'Afrique commence avec les Romains, qui les utilisent et les massacrent en abondance dans leurs jeux du cirque. César fit beaucoup plus de mal au lion de l'Atlas que Tartarin de Tarascon. Et la cupidité de nos modernes banquiers n'a rien à envier à celle des sénateurs corrompus de l'Empire romain, des doges de Venise, d'un « prélat » comme Richelieu, ou même d'un artiste comme Racine, dont l'art somptueux s'accompagnait d'une effrayante rapacité. *Nihil novi sub sole.*

## 16

De même, à quelques chikungunya, volcans et tsunamis près, la lutte de l'homme contre le hasard, ce hasard qui écrase l'individualité, a été victorieuse, partiellement au moins : l'homme d'aujourd'hui sait lire, compter, il est soigné par la collectivité gratuitement s'il est pauvre – peut-être mal, mais soigné tout de même –, ses enfants sont scolarisés. On approche du moment où les « libertés fondamentales » selon Keynes ou Rawls sont assurées dans des pays comme la France, les libertés qui permettent à l'homme d'aller au-delà de sa simple survie. Et l'homme utilise ces libertés pour consommer d'autres graisses et acheter d'autres voitures.

## 17

Marx n'a commis aucune erreur sur le fonctionnement de la société capitaliste. Il reste le meilleur, le plus grand des économistes. Mais là où il nous abandonne, nous laisse en plan, au bord du chemin de l'histoire, c'est aujourd'hui, au moment où la paupérisation et le saccage du monde ne débouchent sur absolument rien, sauf sur plus de saccage et d'inhumanité. Le développement des forces productives entraîne le développement des forces productives dans une spirale infernale comme une vis sans fin qui s'enfoncerait dans l'enfer de la production. Rien ne donne à penser que l'égoïsme, la cupidité, l'envie, le désir de détruire, la violence faite aux animaux et aux hommes se soient quelque peu atténués.

Certes, les hommes vivent plus longtemps, mais traînent simplement plus longtemps leurs tares de bêtes de force vindicatives et violentes soumises au joug du travail. Aucun signe n'indique, cent cinquante ans après *Le Capital*, que l'humanité se soit humanisée. Les supplices collectifs ont disparu, mais les ont remplacés des carnages auprès desquels les Saint-Barthélemy sont des rixes d'amateurs. Il n'est pas sûr que les hommes soient plus courtois envers les femmes que les troubadours. Sans doute ne se repaissent-ils plus d'exécutions et de tortures publiques. Sans doute respectent-ils plus les enfants. L'intérêt, sinon la protection, apporté aux enfants est une grande nouveauté dans l'histoire humaine. Peut-être les hommes respecteront-ils un jour les animaux, et atteindront-ils ce moment rêvé par Léonard de Vinci où la souffrance d'une bête leur sera intolérable. Le refus du racisme, du sexisme, de l'homophobie, la possibilité pour les couples homosexuels d'adopter des enfants, sont indéniablement des *progrès* et on peut – pourquoi pas ? – les relier au « développement des forces productives ». Sans doute, les techniques modernes de communication ont incité à lire, à écrire, à parler, à converser, et même si on ne peut reprocher à tout un chacun de ne pas être Stendhal, les hommes lisent et parlent mieux, et même si cela n'est pas une garantie de connaissance et de compréhension, et sûrement pas de bonheur, c'est certainement une preuve d'humanisation. Et, en même temps, l'épuration ethnique a fait sa réapparition en Europe deux générations à peine après le nazisme, et les massacres du Rwanda ont démontré que le génocide n'était ni une particularité européenne, ni une particularité de pays développé. Le terrorisme par le suicide, nouvelle méthode de meurtre aveugle où le tueur accepte de ne pas voir ses victimes, relègue les bombes de Caserio et des anarchistes au musée des pétards et des mirlitons.

## 18

Mais au moins deux régressions ont vu le jour : la première, la plus grave, que le démocrate Marx ne pouvait imaginer, est l'association pérenne de la dictature et du marché, dans cette Chine qui devient un modèle pour le capital international. Non seulement la mondialisation et la généralisation des marchés n'ont pas permis la paix comme le rêvait Montesquieu (on l'a vu avec deux guerres mondiales), mais on découvre que la dictature et l'enrichissement font un excellent ménage. Pire : les élites occidentales sont incontestablement fascinées par le « modèle » chinois, d'une grande commodité, où la police permet d'exploiter le travail contre promesse de voitures. Cette fascination éprouvée par les milieux d'affaires pour la Chine en 2010 n'est pas sans rappeler cette fascination pour les fascismes en 1930. « Mieux vaut Hitler que le Front populaire », disait-on, et « mieux vaut la Chine que la Sécu », dit-on aujourd'hui. Et la Chine n'échappera pas au problème de l'espace vital, ni au désir de puissance politique qui ronge toute puissance économique, de gré ou de force : elle possède 9 % des terres arables du monde pour le quart de l'humanité. Et ses besoins sont infiniment plus grands en eau, énergie et minéraux, qu'elle devra aller chercher quelque part. Marx ne s'est jamais intéressé au problème démographique, et l'économiste qu'il méprisait le plus était Malthus. Marx était antimalthusien. La prolifération des prolétaires lui semblait une bonne chose. Quand il écrivit *Le Capital*, il y avait un peu moins d'un milliard d'humains sur terre, il y en a presque sept aujourd'hui.

Et la prolifération de l'espèce humaine ne semble pas ajouter une once de conscience aux classes opprimées, au contraire. Ce n'est pas la passion qui caractérise l'homme moderne, mais l'abrutissement. Il est attaché à son PC portable, à son téléphone portable et à sa télé plus qu'au regard des autres. Même si cette prolétarisation est relative, la marche du capitalisme a prolétarisé le monde sans que naisse aucun espoir prolétarien. Il n'est pas exclu que les démocraties occidentales basculent vers des formes musclées de gouvernement, où seront respectées les apparences de la démocratie. La crise de 2008 a montré comment des féodalités financières, tenant à la gorge les États, les ont obligés à les refinancer, et, chose faite, les ayant saignés, se sont à nouveau attaquées aux démocraties jugées trop peu aptes à les satisfaire à nouveau, comme la Grèce, mère de la science, de la philosophie et de la démocratie. La démocratie est une bizarrerie née hors du marché et du capitalisme, qui n'a rien à voir avec lui, et qui vraisemblablement disparaîtra *avant* lui.

## 19

En France, l'obsession sécuritaire, l'incarcération des mineurs à 13 ans, le couvre-feu pour ces mêmes mineurs dans les banlieues, la généralisation du contrôle vidéo, les contrôles sur Internet, sont des avancées vers le « meilleur des mondes » où l'homme, qui n'a toujours rien de communiste ni d'altruiste, est enserré dans un filet électronique d'obligations et de devoirs plus subtil et coercitif que la bonne vieille matraque.

## 20

La « guerre aux jeunes » est la face émergée d'une deuxième régression que ne pouvait non plus envisager

Marx, pour qui l'armée de réserve des prolétaires miséreux fondait l'exploitation comme l'espoir. La Chine est un bon exemple d'armée de réserve, avec son milliard d'humains vivant au seuil de pauvreté. Mais, en Occident, la lutte des classes, transversale, semble avoir cédé la place à une lutte longitudinale cachée, qui est aussi une lutte de chacun contre soi-même. Le vieillissement des populations a concentré la richesse chez les personnes âgées. Le capitalisme se marie désormais avec la vieillesse. Les personnes âgées ont une vision particulièrement cupide, égoïste et à court terme de la vie. Leur générosité se limite au dollar supplémentaire gagné qu'elles assimilent à une minute de vie grappillée sur le néant. L'obsession sécuritaire est aussi une manifestation de la lutte contre le vieillissement. La vieille lutte des pauvres contre les riches se double d'une lutte des jeunes contre les vieux. Les crises des banlieues françaises sont exemplaires : de jeunes pauvres y sont délaissés, tandis que les gens de Neuilly dirigent la France. Or la promesse d'allongement de la vie est la seule que semble capable de faire aujourd'hui le capitalisme : nous ne disons pas « Vous serez plus heureux, ou plus riches », nous savons bien que l'ascenseur social fonctionne dans la descente, mais nous sommes capables de dire « Vous vivrez plus longtemps » ! Mais quelle promesse ! Quel prisonnier dans n'importe quel couloir de la mort ne souscrirait à sa survie de quelques jours ? Les rapports du capitalisme et de la mort ont été balayés d'un revers de manche par Marx – alors que Max Weber à juste titre en fit le cœur de l'esprit du capitalisme, avant Keynes. Si « adaptation » récente du capitalisme il y eut, indiscutablement elle concerne le transfert du mythe du progrès vers celui du vieillissement infini des populations, la promesse de la vie éternelle sur terre : c'est encore une promesse ridicule de divinité qui est faite à l'homme, décidément friand d'aliénation et d'« illusion », comme dit Freud ; promesse que les contraintes de la nature et de la rareté amèneront très vite à rappeler à l'homme sa dimension de parasite terrestre.

## 21

Freud nous informe sur le désir de meurtre et le sadisme de l'homme, Darwin, sur son souci de la protection des faibles, souci qui lui a conféré la surpuissance vis-à-vis des autres espèces, mais que nous dit Marx ? Que nous dit-il au-delà d'une bonne analyse du fonctionnement cyclique du capitalisme et de l'extraction de la plus-value ? Il nous parle, répétons-le encore, de la synthèse, du dépassement du conflit de la thèse et de l'antithèse : le capital contre le travail, la ville contre la campagne, le travail manuel contre le travail intellectuel, le profit contre le salaire, la propriété contre les biens collectifs, la création contre le labeur, l'être contre l'avoir, l'homme contre la nature, l'homme contre la femme, l'homme contre l'homme, et, *en bon chrétien athée qu'il est,* de la vie contre la mort. La synthèse est la société communiste, celle des conflits dépassés, transcendés, de l'histoire résolue et de l'homme arrivé à son achèvement. Et c'est là que l'abandon de Marx est total. Rien de ce qui nous était promis, sauf la marchandisation et la dévastation du monde qui s'arrête aujourd'hui à l'endroit d'où elle est partie, c'est-à-dire contre le mur d'airain de la rareté, n'est arrivé. C'est au moment où l'accumulation des forces productives paraît phénoménale que l'homme apparaît plus aliéné que jamais. Alors que, par l'expansion capitaliste, Marx nous promettait un homme au bord du communisme, altruiste et généreux, voilà que ces immenses forces productives nous offrent un homme encore plus vil, cupide et égoïste, totalement soumis à la marchandise et à la loi du capital, infiniment plus aliéné que ne l'était l'ouvrier de 1848 ou de 1870. Marx, ô Marx, toi qui pleuras à la mort de la Commune de Paris, où sont l'ouvrier au foulard rouge du faubourg Saint-Antoine, l'anarchiste et le poumiste rieurs de Barcelone ? Marx, pourquoi nous as-tu abandonnés ?

## 22

Marx nous abandonne au terme de cette société capitaliste arrivée au bout de ses capacités d'épuisement de la nature, au terme de la seconde mondialisation, sans qu'aucunes prémices de communisme soient perceptibles, aucunes, sinon la réduction du temps de travail, elle-même battue en brèche aujourd'hui partout dans le monde et particulièrement en Chine. Marx nous abandonne et ne nous donne rien qui nous laisse entrevoir la société communiste. Si, hélas : il entrouvre quelques portes qui donnent sur des paysages dérisoires habités par des hommes presque risibles – ou des saints : ceux qui furent donnés aux lions et tendaient le poignard aux égorgeurs –, des hommes qui plaident l'ascétisme, la frugalité, le refus de l'avoir. Des moines. Le monastère est une forme de société communiste : abolition de la division du travail et surtout abolition du temps par la répétition éternelle des mêmes tâches, fin de l'histoire par l'éternel retour du même, suppression du désir par la mortification. La décroissance, ou la société stationnaire, c'est le communisme que haïssait Marx.

## 23

L'homme communiste est passionné. Soit. L'homme communiste est altruiste. Soit. L'homme communiste fait du désir d'autrui son désir et du besoin d'autrui son besoin. Soit. L'homme communiste ne jouit que parce que autrui jouit : mais voilà qui sent son christianisme à plein nez, cher Karl ! L'homme communiste est celui qui tend l'autre joue de sa satisfaction quand le frappe la satisfaction de l'autre. L'homme communiste est bon, sa bonté le conduit à ne pouvoir être heureux que si autrui est heureux ; l'homme communiste fait le bien, l'homme communiste est fraternel. L'homme communiste est riche, même s'il est pauvre.

## 24

Et je ne me lasse pas de redire la passion selon saint Marx : « Voilà comment, supplantant la richesse et la misère de l'économie politique, s'avance l'homme riche pourvu de riches exigences humaines. L'homme riche est en même temps l'homme qui, pour vivre, a besoin d'une totalité de manifestations humaines, l'homme chez qui sa propre réalisation est une nécessité intérieure, un besoin. Non seulement la richesse, mais aussi la pauvreté reçoit une signification humaine, donc sociale. La pauvreté est le lien passif qui fait que l'homme éprouve le besoin de la plus grande des richesses : autrui. La prépondérance de l'être objectif en moi, le jaillissement sensible de mon activité essentielle, c'est la *passion* : elle devient elle-même l'activité de mon être [1]. »

## 25

Marx, où est l'homme passionné d'aujourd'hui ? Pourquoi est-il moins passionné que tu ne le fus, il y a cent

---

1. « Ébauche d'une critique de l'économie politique », in *Œuvres*, t. II, p. 88, souligné par Marx.

cinquante ans, avec tes faibles forces productives ? Marx, Karl Marx, nous ne sommes pas au bord du socialisme. Je ne vois pas s'avancer « l'homme pourvu de riches exigences humaines, *l'homme doué de tous les sens, l'homme profond*[1] ».

26

Marx, je n'entends plus *Le Temps des cerises* mais les acouphènes de l'immonde périphérique.

27

« La pauvreté est le lien passif qui fait que l'homme éprouve le besoin de la plus grande des richesses : autrui... » Marx, ô saint Karl, est-ce le règne de saint Vincent de Paul que tu annonces ou le tien ? Nous ne sommes pas à la porte de ton règne. Et si « autrui est la plus grande des richesses », alors, saint Marx, toi qui vitupéras si méchamment saint Stirner, tends l'autre joue vers ton frère chrétien.

28

Marx dit : « Au sens humain, souffrir c'est jouir de soi. » Ô frère Marx, serre ton cilice, toi qui souffris ta vie durant le pire martyre physique et moral !

29

« Lorsque les ouvriers communistes se réunissent, leur intention vise d'abord la théorie, la propagande, etc.

1. *Ibid.*, p. 85, souligné par Marx.

Mais en même temps ils s'approprient un besoin nouveau, le besoin de la société tout entière, et ce qui semble n'avoir été qu'un moyen est devenu un but. Ce renversement pratique, on peut en observer les plus brillants résultats lorsqu'on voit s'assembler des ouvriers socialistes français. Fumer, boire, manger etc. ne sont plus alors de simples occasions de se réunir, des moyens d'union. La compagnie, l'association, la conversation qui vise l'ensemble de la société les comblent ; pour eux, la fraternité humaine n'est pas une phrase mais une vérité et de leurs figures endurcies par le travail, la noblesse de l'humanité rayonne vers nous[1]. » TU PARLES, CHARLES !

## 30

L'homme communiste n'existe que dans l'égalité parfaite de tous les hommes, du chanteur et du plombier, du peintre et de l'ouvrier, du chamelier le matin et jardinier le soir. Du chamelier qui n'est qu'exceptionnellement chamelier comme il est exceptionnellement compositeur de rhapsodies, car il est aussi bien lancier que faiseur de feux de Bengale. L'égalité parfaite de la société communiste, qui exclut, on le comprend évidemment, tout désir de s'élever par rapport à autrui et tout désir de ce que possède autrui, est un *christianisme réel* : les hommes sont égaux devant eux-mêmes, devant la réalité du monde, et non plus devant Dieu. L'homme est un dieu pour l'homme. Certes, on peut rêver d'un nivellement par le haut et non par le bas (tous Einstein et non tous Landru ou Jack l'Éventreur ou Jack Chirac), mais, dans l'égalité parfaite, le haut et le bas n'ont plus

1. « Ébauche d'une critique de l'économie politique », in *Œuvres*, t. II, p. 99

de sens. Slavoj Žižek, pour décrire la société communiste, utilise la nouvelle de Kafka *Joséphine la cantatrice ou le Peuple des souris*. Joséphine est une souris. Elle ne siffle pas mieux que les autres souris. Mais quand elle chante, ou plutôt siffle, toutes les souris s'arrêtent et se reconnaissent en elle. Joséphine voudrait un statut de souris chanteuse, qui lui est refusé, car toutes les autres souris savent qu'elle ne siffle pas mieux qu'elles. Mais quand elle siffle, la communauté des souris se réunit dans une extase et un silence absolus et ne fait plus qu'un : le communisme a aussi résolu l'antagonisme du singulier et du collectif, du simple et du complexe. Comme Joséphine est comme les autres, sa perte ne représente rien. Dans une humanité composée de millions de Picasso, la mort d'un Picasso n'est rien ; de même, dans une humanité de commis voyageurs, la mort du commis voyageur. L'énigme de la mort est résolue si *« Je est un autre »*, ou, mieux, si *« Je est l'Autre »*. Alors tout homme est mon semblable. Je meurs mais vivent mes clones, que j'aime autant que moi. Kafka écrit : « Joséphine n'est qu'un petit épisode dans l'histoire éternelle de notre peuple, et notre peuple surmontera sa perte… Si le peuple, dans sa sagesse, a placé si haut le chant de Joséphine, n'est-ce pas pour ne rien perdre en le perdant ? Peut-être donc ne serons-nous pas très privés, mais Joséphine, délivrée du tourment de cet exil terrestre, qui est pourtant, à son avis, un apanage des élus, ira se perdre joyeusement dans l'innombrable foule des héros de notre peuple, et de plus en plus délivrée, comme nous ne faisons pas d'histoires, se verra bientôt enfouie dans le même oubli que tous ses frères. » L'histoire n'existe plus. Les histoires n'existent plus. Tous sont des héros, personne n'est un héros. Tous sont des chanteurs, personne n'est chanteur. Les différences sont abolies, la société s'est arrêtée, comme pétrifiée, ou tourne sur elle-même. Tous les communistes sont Joséphine. Ainsi, l'épanouissement biologique de l'homme implique le sacrifice des individus, jusqu'au jour où cet antagonisme sera surmonté, où le développement de l'espèce et celui de l'individualité ne feront plus qu'un.

## 31

Dans la société communiste, la violence est abolie : chacun tend l'autre joue aux coups de l'autre et le regarde courageusement dans les yeux, car l'argent, ce voile posé sur les visages et les rapports humains, a disparu. Marx, qui a si bien utilisé le mimétisme comme facteur d'exploitation de l'homme par l'homme et de lutte de l'homme contre tous les hommes, résout à sa manière ce que René Girard voit résolu dans l'avènement du Christ sur terre. Le Christ est l'homme qui rompt la violence réciproque, l'homme communiste fait de même au terme du capitalisme. Le communisme n'est qu'une rédemption des humbles, une rédemption matérialiste. Marx, tu m'abandonnes encore !

## 32

Ainsi, le communisme ne serait qu'une mauvaise – ou bonne, peu importe – copie du christianisme, où les riches et les méchants sont exclus de la société communiste comme ils sont exclus du royaume de Dieu ? La société communiste, fraternelle et non violente, ne serait qu'un « babouvisme », un égalitarisme absolu, où chacun est Joséphine dans le peuple des souris ? On comprend mieux la haine qu'ont portée au marxisme et aux mouvements ouvriers presque tous les penseurs chrétiens depuis

Joseph de Maistre, qui voyait dans la Révolution française une manifestation satanique. Le communisme est un concurrent direct du christianisme, il est cet oxymore dont nous ne nous lassons pas et qui doit donner froid dans le dos aux chrétiens, un *christianisme athée.* On comprend mieux les fusils de Franco bénits par les prêtres contre la République espagnole, ou ceux des pétainistes, nourris à la parole de Dieu, contre les patriotes communistes. La haine des fascistes fut-elle une haine de secte à secte ?

33

C'est pourquoi le communisme demeure une incroyable menace.

34

Car si l'homme de 2010 est aussi abruti, cupide, méchant, violent que celui de 1870, malgré son « espérance de vie », sa santé meilleure, sa denture plus complète, sa voiture, son iPod et ses voyages low cost, son abonnement Internet, sa lecture de Marc Levy, son interdiction de fumer dans les restaus et ses émois pour *Avatar,* s'il est toujours prêt, bon petit soldat, comme ses pères déchaînèrent la leur, à déchaîner sa violence contre des Iraniens, des Coréens, des musulmans ou toute catégorie assez vague et abstraite menaçant sa « civilisation » ; s'il est aussi loin, sinon plus, du communisme que l'était son arrière-grand-père qui portait des cerises aux oreilles du côté de la Bastille, il se heurte à un mur qui va lui imposer *la réalité du communisme par défaut.* Ce communisme qu'il n'a pu choisir, voilà que le cadavre qu'il traîne, menotté à son bras, va le lui imposer. La terre, morte, retournée comme une peau de lapin, lui impose cette horreur des horreurs qu'est l'abolition de la propriété privée. L'eau polluée, l'air empoisonné seront demain patrimoines de l'humanité, et après-demain l'uranium épuisé, le cadmium, et les quatre singes qui gambadent sur les trois derniers arbres. Demain, la terre sera propriété commune par force, dans le camp où seront parqués les hommes, avec des gardes autour.

## 35

Freud : « Il me semble certain à moi aussi qu'une transformation réelle des hommes par rapport à la propriété sera de meilleur secours que tout impératif éthique ; pourtant cette idée juste est de nouveau troublée par les socialistes par une méconnaissance de la nature humaine, et elle perd ainsi sa valeur pratique [1]. » Freud a bien perçu que le cœur du problème de l'abolition de la violence humaine se trouve dans la propriété, « cette propriété privée, dit Marx, qui nous a rendus si sots et si bornés qu'un objet est nôtre uniquement quand nous l'avons [2] », née il y a quelques millénaires, quand l'homme, après quelques péripéties au cours desquelles il faillit disparaître du globe, assura sur lui sa domination violente. Mais le communisme rêvé par Marx n'a rien à voir avec le communisme subi qui se profile : vivre sur une décharge devenue bien public n'engendre ni chants ni cris de joie comme la promesse de vivre entre l'Euphrate et le Jourdain. Un corps agonisant dont nous sommes les asticots n'a rien d'exaltant comme paradis communiste. Il se peut

1. S. Freud, *Le Malaise dans la culture*, PUF, « Quadrige », 1995, p. 127.
2. K. M., *Œuvres*, t. I, p. 83.

même que ce corps entraîne l'espèce avec lui dans la mort : Claude Lévi-Strauss n'est pas le moindre chercheur à prévoir autant qu'une explosion démographique une implosion, et une disparition assez rapide et suicidaire de l'humanité.

## 36

Rien ne dit non plus que la prophétie de Malthus (et de Ricardo et d'autres) ne soit pas plus sensée que celle de Marx : une humanité ghettoïsée, très peu de très riches, une masse de très pauvres, un cordon de police, et ces très riches obsédés par la vie éternelle, les nanotechnologies, le clonage, et tout ce qui peut ajouter quelques grains de non-vie à leur non-vie cupide et sotte, justifiée par quelques kilos de montres ou quelques heures passées à la télé. Et ni de ces très pauvres, et encore moins de ces très riches ne naîtra jamais l'« homme passionné ».

## 37

Et c'est à ce moment-là que Marx nous abandonne, en nous laissant, incrédules, un message chrétien, matérialiste certes, sans Messie ni même Apocalypse contrairement à Malthus, mais un message de l'infini possible sur terre, l'infini des forces productives, Prométhée ayant pris la place de Zeus, la Production, le Progrès, le Travail ayant supplanté les dieux ; et par une pirouette, pour ne pas avouer que l'homme est mort, remplacé par le travailleur, Marx nous dit que ce travailleur, parce qu'il a tué l'Argent-Dieu, a mangé son cœur et est devenu bon comme Lui.

## 38

« Le meilleur moyen de s'approprier les vertus d'un homme est encore de le manger » (Lévi-Strauss). L'homme a fini par dévorer l'homme ; ainsi est-il devenu lui-même, au terme de la prophétie des philosophes.

## 39

Marx, je te laisse agoniser sur ta croix.

# Épilogue

# Requiem pour le socialisme

> Là où seulement les mots s'arrêtent, la vie commence.
>
> Feuerbach

> Avoir le courage d'aimer la vie, et regarder la mort en face.
>
> Jean Jaurès

## 1

La crise qui secoue le monde depuis 2007 relève parfaitement du schéma marxiste. Elle en est même un modèle du genre. Marx l'eût adorée et en eût donné une explication lumineuse. Crise boursière ? C'est la baisse tendancielle du taux de profit qui est épongée par la dévalorisation massive du capital boursier. Par une simple mécanique arithmétique, en dévalorisant le capital, les spéculateurs rétablissent bien malgré eux le taux de profit. Les capitalistes (les rentiers, les détenteurs d'actions et d'obligations, ou encore d'assurances sur les actions et les obligations), dont l'ignorance n'est plus à démontrer, se sabordent par la crise boursière en espérant récupérer leur mise. Mais le désir aveugle de gains les conduit, en se ruinant, à ruiner les économies. Comme le prévoit le schéma marxiste, les États prennent en charge le malheur des capitalistes en monétisant leurs « junk bonds », leurs créances pourries. Les dettes privées deviennent des dettes publiques. Les capitalistes, délestés de leurs créances « pourries » et désormais créanciers des États, attaquent les États pour être remboursés. Et les États les satisfont en pressurant les salariés par des mesures d'austérité. Mais ces mesures d'austérité débouchent sur la révolte sociale, comme en Grèce en avril 2010. La crise est l'acmé de l'affrontement entre capitalistes et salariés.

2

La crise annonce donc le retour de la lutte des classes. L'État se trouve en face de deux types de dettes : une dette sociale – les services publics, la santé, l'éducation, les allocations chômage, etc. – et une dette privée, qui lui a permis de financer cette dette sociale. Que faire ? Honorer la dette vis-à-vis des salariés et des citoyens, ou celle vis-à-vis des rentiers ? Les États choisissent par les plans d'ajustement et de rigueur de diminuer la dette sociale pour honorer la rente.

3

Après la rente, qui saigne les économies, la surproduction. La thèse marxiste veut que la baisse tendancielle du taux de profit soit alimentée par la surproduction latente. Or la surproduction latente est en ce moment le fait de la Chine, qui ruine petit à petit les économies occidentales. L'hémorragie des emplois industriels atteint gravement toutes les économies. En même temps, le dernier modèle de croissance (pétrole plus voiture) arrive à saturation. Il est probable que les pays émergents, Chine en tête, passeront à ce modèle, au prix d'une catastrophe écologique mondiale, tandis que l'épuisement de ce modèle en Occident, sursaturé de voitures, les condamne à une récession inéluctable. La surproduction est bien là, insidieuse, latente, qui ronge éternellement le système.

4

Mais le paradoxe est là : alors que la théorie marxiste explique, comme aucune autre théorie économique, l'évolution du capitalisme et ses sauts de cabri ou de kangourou de crise en crise, avec chaque fois un dépassement des conditions économiques antérieures, pourquoi cette explication ne débouche-t-elle sur rien ? Strictement rien, sinon que ça peut continuer comme ça pendant des siècles ? Autrement dit, pourquoi la fin de l'histoire de Marx n'a-t-elle rien à voir avec la fin de l'histoire réelle, qui se rapproche de plus en plus, hélas, de celle de Fukuyama ?

5

De crise en crise, le capitalisme devait, selon Marx, déboucher sur un fantastique accroissement des forces productives qui aurait permis l'avènement d'une nouvelle société adaptée à ces nouvelles forces productives, la société communiste. Le droit, les règles, la culture, les modes de vie auraient dû être transformés d'eux-mêmes parce que la vieille société de la propriété privée et du commerce est incapable de répondre à ces hommes nouveaux mus par les nouvelles forces productives. Il n'en est rien. La croissance est là, l'accumulation forcenée du capital et des biens matériels, les inventions, les satellites, les routes, les nanotechnologies, les OGM... et rien : le prolétaire est *absent* comme jamais, même s'il a le droit de regarder pendant plus de trois heures par jour la télé, sans doute moins conscient d'appartenir à l'espèce « nouvelle » que l'ouvrier qui prenait les armes pendant la Commune de Paris. Et pourtant les choses fonctionnent bien comme le dit Marx : exploitation, suraccumulation, crise, nouvelle exploitation par la recherche de nouvelles sources de productivité, en Chine, en Inde ou au Brésil, nouvelle suraccumulation, crise et ainsi de suite. Pourquoi tout se passe comme le dit Marx, et pourquoi rien ne débouche sur ce qu'il prévoyait ?

## 6

Marx appréciait la notion de cycle des affaires (dix, douze, quinze ans environ). Il y a trente ans, dans les années 1980, le capital financier est sorti de la boîte où l'avaient enfermé la guerre et l'endettement des États pour financer la guerre, auquel s'est ajouté le financement de la guerre du Vietnam. Que veut le capital financier ? De l'argent. Un peu plus d'argent. Que veut un dollar ? Faire un peu plus de un dollar. Le dollar fait du dollar comme la cellule cancéreuse d'autres cellules. Le capital financier fait aujourd'hui pression sur la production pour qu'elle lui donne du cash, du liquide. S'achève une période initiée par les Trente glorieuses, où les États et les entrepreneurs ont été les maîtres de l'économie, en accord avec les salariés, auxquels on redistribuait une partie de la richesse via l'État providence. Le capital financier liquide systématiquement l'État providence pour récupérer l'argent redistribué aux salariés. Toute l'architecture financière mise en place à partir des années

1980 (titrisation, *hedge funds,* produits dérivés, développement hypertrophié des banques d'affaires, construction d'un immense marché international autonome de la monnaie et du capital) fut accompagnée d'une architecture institutionnelle servile associée à cette financiarisation : Banque centrale européenne au service de la déflation, de la rigueur salariale et de la force de la monnaie, naissance d'une Commission européenne obsédée par la liquidation de l'État providence et la mise en concurrence des États, etc.

7

Retour à la case départ marxiste. Le capital ne sait pas faire autre chose que pressurer le travail pour en tirer de la plus-value. Il profite de deux événements historiques qui le laissent agir sans plus aucune entrave : le premier est la fin des régimes dits « socialistes », le second l'apparition d'un régime socialo-capitaliste organisant la nouvelle mondialisation, la Chine. Les régimes « socialistes », aussi antisocialistes qu'ils fussent (au sens où Marx entendait le socialisme), constituaient néanmoins un bouclier symbolique contre la démesure du capital, son « hubris ». Ces ex-régimes mettent aujourd'hui à la disposition de l'Europe « riche », l'Allemagne notamment, une bonne main-d'œuvre et une énergie peu chère. Comme le capital financier ne peut plus faire de gains de productivité avec la main-d'œuvre – trop protégée – des pays à fort État providence, comme la France, il ne peut retrouver ces gains que par la destruction des industries locales et leur reconstruction ailleurs, dans les pays à coût de main-d'œuvre dérisoire, comme les ex-pays de l'Est. Ainsi, la délocalisation des industries automobiles. Les exigences de rendements élevés (15 %, 20 %, parfois plus...) que les entreprises ne peuvent évidemment réaliser par extorsion supplémentaire de plus-value imposent à celles-ci de délocaliser. Notre bonne vieille baisse tendancielle du taux de profit est encore à l'œuvre, et Karl se frotte les mains ! Comment combattre cette baisse quand on a pressuré le travail comme un citron, jusqu'au moment où les pépins craquent ? En tapant dans leurs avantages sociaux, ou en allant voir ailleurs, là où le travail est peu cher.

8

Il faut bien comprendre que jamais, sauf peut-être pendant la période exceptionnelle des Trente glorieuses, qui est une sortie de guerre (et encore : en France, la période de la mise sous tutelle du secteur bancaire, commencée en 1936 avec le Front populaire et parachevée avec les nationalisations de 1945, s'arrête dès les lois bancaires des années 1966-1968), le capital financier n'a laissé la main. Jamais l'entrepreneur à la Schumpeter (l'inventeur, le découvreur, l'homme artiste et créateur...) n'a été autre chose qu'un pion plus ou moins manipulé par le capital financier. Le gentil entrepreneur, qui fait rêver les socialistes par opposition au méchant capitaliste, est un peu comme ce chien qu'on promène avec cette laisse qu'il peut dérouler quelque temps avec l'illusion de la liberté. La rigueur des intérêts à remettre à son maître le ramène à celui-ci avec la *commission* qu'il vient de faire.

9

La pression du capital financier s'accompagne d'un lent mouvement de bascule dont le mystère reste, depuis les travaux de Philippe Ariès, entier : le vieillissement des populations. Sur ce phénomène, du point de vue des forces productives, Marx a encore vu juste : la « bestialité » (sic) des prolétaires, qui les poussait à se reproduire comme des lapins et fabriquer l'« armée de réserve » dans laquelle puisait le capital comme dans une exploitation minière, a considérablement diminué, du fait de l'éducation des populations. L'éducation des populations, l'émancipation – tellement lente – des femmes, la lutte contre l'homophobie, demain, peut-être, le respect des animaux sont indiscutablement des progrès de l'humanité. Peut-être participent-ils simplement de cette « résilience » découverte par Darwin, cette protection des faibles qui fit des humains l'espèce la plus puissante. Mais le vieillissement de la population a un effet pervers : il accroît la pression du capital financier sur le travail. Au grand capital financier – Goldman Sachs et les autres – s'ajoute le désir des millions de patrimoines moyens ou petits de faire aussi des petits. Les créanciers d'aujourd'hui sur la Grèce ou la France sont aussi des petits et moyens patrimoines, qui réclament leur taux d'intérêt comme le cerf réclame à boire.

## 10

Enfin, la baisse tendancielle du taux de profit – la loi la plus importante que pensait avoir découverte Marx – est liée à ce deuxième grand événement historique, l'émergence de la Chine. Marx n'imaginait le capitalisme que mondialisé, et le dernier tome de son œuvre économique projetée s'appelait *Le Marché mondial.* La mise au travail des millions de travailleurs chinois est la divine surprise de la fin du siècle dernier. Et le capital, dans sa joie d'exploiter les Chinois, se révèle dans toute sa splendeur dictatoriale. Les économistes libéraux modernes (pas les anciens, beaucoup trop intelligents, sinon honnêtes) ont proposé une équation improbable entre démocratie et marché : il n'en est rien.

## 11

Le capital a toujours aimé les dictatures. Il les a favorisées et s'en est toujours nourri. La démocratie est, comme les Trente glorieuses, une anomalie de l'Histoire qui devrait disparaître aussi rapidement qu'elle est advenue. Il n'y a aucune raison économique que les démocraties perdurent. Des raisons philosophiques, politiques, associatives, altruistes, humaines et passablement irrationnelles (laisser vivre les minoritaires ! Quelle folie ! Quelle aberration !) permettent la démocratie. Mais aucune raison économique ne peut être associée à la démocratie. Les économistes modernes (en tête desquels les Prix Nobel Allais et Debreu) ont sué sang et équations pour démontrer l'identité entre un équilibre de marché et une économie parfaitement planifiée : lorsque le dictateur sait tout des citoyens, il réalise le même équilibre qu'aurait réalisé le marché parfait laissé à lui-même, à la « libre concurrence ». Le « dictateur bienveillant », version technocratique du « despote éclairé », est un concept affectionné de ces mêmes économistes modernes, qui voient le dictateur organiser de façon optimale la dépense publique, l'impôt, la lutte contre le réchauffement climatique par l'organisation de marchés libres, la régulation de la consommation et tutti quanti. Bienveillant ou non, le dictateur reste un dictateur, qui laisse le chien de citoyen dérouler sa laisse tant que cela lui convient. Le triomphe de la Chine est tout simplement le triomphe du capital dans sa pureté de cristal.

## 12

La Chine démontre que le capitalisme est la continuation de la guerre politique par la guerre économique, plus intelligente car elle décime l'ennemi sans combat. Sun Tse plaçait au-dessus de toutes les stratégies celle qui force l'ennemi à se rendre. Mais il s'agit tout de même de guerre et de reddition. La Chine a redévoilé l'essence du capitalisme, oubliée depuis l'État providence : un système violent envers la nature et les hommes, où le marché du travail est le lieu du harcèlement et de la souffrance, le marché des biens celui de l'insatiabilité et de la frustration. Tout ce que j'achète se transforme immédiatement en déchet comme l'or de la fable. Mais il n'est pas sûr que les guerres économiques qui se profilent, pour l'eau, les matières premières, les surfaces arables, n'engendrent pas d'autres violences plus sommaires.

## 13

Et nous revoilà au point de départ. Justesse de la théorie, fausseté de la conclusion : donc ineptie du concept de « force productive » préparant l'émancipation de l'humanité. Mais Marx a commis une deuxième grande erreur (contrairement à Malthus, qu'il méprisait) : il n'a pas estimé l'ampleur du problème écologique. Aurait-il, subodorant celui-ci, proposé une nouvelle définition des « forces productives » qui peuvent théoriquement, comme il le disait, croître à l'infini ? Non. Les forces productives sont un concept matériel, fait de marchandises servant à reproduire des hommes. Dans un monde où la paupérisation s'accroît – le nombre relatif de pauvres augmente, malgré l'accès à un minimum de consommation de quelques millions de Chinois, de Brésiliens ou d'Indiens –, il est difficile de penser que les « forces productives » ont atteint un niveau tel que les prolétaires peuvent tranquillement saisir le sceptre du pouvoir abandonné par les capitalistes. Ceux-ci n'ont jamais été aussi exigeants, dans un monde saturé, pollué, en voie de désagrégation, précisément parce que ce monde est pollué, saturé, en voie de désagrégation. Ils sont comme ces bourgeois qui décampèrent sur la route de l'exode en 1940 dans leurs grosses voitures avant que les masses ne suivent dans les charrettes. La planète chauffe, il est temps de se mettre à l'ombre. Mais comment se tirer d'une planète ronde où la pollution ignore le concept de frontière, autrement dit de propriété ?

## 14

Marx dirait : « Au-delà de cette crise, un nouveau cycle de production s'annonce, avec un nouvel accroissement des forces productives, jusqu'à la crise suivante, et jusqu'à la crise finale, qui verra le triomphe du prolétariat dans un monde débarrassé de la rareté et de la nécessité » ; sauf que la contrainte écologique accroît encore la rareté et la nécessité. Le Programme des Nations unies pour l'environnement estime que le stock mondial de poissons est aujourd'hui amputé du tiers et que, sans restriction drastique de la pêche, les poissons devraient disparaître des océans d'ici à 2050, autrement dit demain. Plus de poissons, plus d'abeilles, plus d'eau d'ailleurs. Sans poissons, sans eau, sans terre pour nourrir l'accroissement phénoménal de la population, la « croissance des forces productives » est une expression un peu écœurante, disons simplement un non-sens. Le communisme qui s'annonce est celui de la rareté et du manque partagés. S'annonce un *communisme du déchet qui est bien le déchet du communisme.*

## 15

Ainsi sommes-nous contraints d'avancer sans fin et sur place, comme le hamster dans sa roue ou l'automobiliste incarcéré sur ses quatre roues sur le périphérique. L'air est déjà un bien rare, pour le plus grand bonheur des boursiers qui l'échangent, et l'eau le sera bientôt, impure et polluée. Le communisme du déchet est un communisme forcé, où l'homme partage une nature gâtée, comme les enfants du bidonville partagent les « richesses » d'une décharge. À l'instant où les États-Unis vivent une grande catastrophe pétrolière dans l'une des dernières réserves du monde, la Louisiane, la passion des hommes reste celle des voitures, à offrir désormais à la Chine, nouvel Eldorado voiturier et pétrolier.

## 16

Marx pensait que le hasard serait aboli dans la société communiste. Le concept de marché financier efficient repose aussi sur la disparition du risque, effacé miraculeusement des créances et des dettes par des opérations comme la titrisation. Les « anticipations rationnelles » des économistes libéraux [1], la « transparence parfaite », la

1. Les agents économiques parfaitement informés du passé, du présent et du futur intègrent immédiatement dans leurs raisonnements les décisions publiques et les annihilent.

« concurrence parfaite » et autres calembredaines inventées par les pseudo-mathématiciens bricolant des équations sur la disparition du risque pour le plus grand bonheur des marchands de risques, les banques et les *hedge funds*, ont montré ce qu'elles valaient en 2008 avec la faillite de Lehman Brothers. En 1940, le plan du major de Saint-Cyr Gamelin était pur et parfait, sans risque, et ne laissait rien au hasard. Le hasard aboli a coûté quatre ans de honte à la France et laissé six millions de cadavres juifs dans les placards de sa débâcle. Encore une fois le marché pur rejoint le communisme pour abolir le futur et donner aux individus le maximum de bien-être matériel.

17

L'abolition du hasard n'est autre que celle du destin, dont l'autre nom est la mort, la main de Dieu si l'on préfère.

18

Le socialisme est mort, car il ne sait pas parler de la mort. La puissance du libéralisme tient à ce qu'il laisse la question de la mort en suspens, à se poser pour chacun d'entre nous, tôt ou tard, plutôt tard si possible, avec le droit d'acheter une Renault ou une Peugeot, d'avoir une retraite complémentaire ou un écran plat, et de caresser un chien ou un chat. Le socialisme réel a prétendu enserrer le destin dans la planification, ou, dans les démocraties, dans les filets de la loi des grands nombres avec l'État providence. En ce sens il a libéré l'homme : la santé et les allocations chômage rendent libre et permettent de vivre ou survivre, comme l'éducation permet de penser. Mais le socialisme a échoué en ce sens qu'il ne sait pas donner des raisons de vivre, et particulièrement de vivre ensemble. Le socialisme utopique voulut construire un « vivre ensemble », par exemple dans l'harmonie universelle d'Owen, où la terre était « cultivée comme un jardin », avec une serre au cœur du parallélogramme des convivants harmonistes – référence au jardin d'Éden. « Changer la vie », disaient les rimbaldiens socialistes de 1981. Mais change-t-on ceux qui ne savent pas vivre et ce qu'on ne sait pas vivre ? Le christianisme et la joue tendue, la jouissance de chacun dans la jouissance d'autrui de Marx, la fraternité des républicains et des francs-maçons sont de belles intentions, mais suffisent-elles à cristalliser le vivre ensemble, comme la reconstruction d'un pays ? Ou la guerre, qui, elle, cristallise le survivre ?

## 19

L'association, la coopérative, le commerce équitable, l'entreprenariat social, la solidarité sous toutes ses formes, l'altruisme social de l'État providence relèvent du socialisme. Peut-être le socialisme est-il inscrit dans la génétique de l'humanité comme forme de l'altruisme, qui, merci Darwin, fit de l'humanité l'espèce supérieure. Et toutes les formes collectives de travail de la coopérative ou de l'association peuvent donner de la joie de travailler et de vivre. Mais la compétition, le meurtre symbolique (économique) ou réel des autres a aussi quelque chose de joyeux. Je suis altruiste, disait Freud paraphrasant Heine, mais voir mes ennemis pendus aux arbres de mon jardin me remplirait de joie pendant mon travail. Le socialisme n'est-il que le moyen de réprimer la pulsion de mort ? Alors, le capitalisme, qui détourne cette pulsion dans le travail et l'accumulation infinie d'argent, a trouvé la solution, bien avant le socialisme, au prix de la destruction de la nature et de l'humanité. Le socialisme doit résoudre cette équation impossible : détourner la pulsion de mort sans détruire l'humanité dans la croissance et autres folies morbides.

## 20

La mort s'exprime dans la dictature des marchés. Le désir infini d'argent n'est autre que la pulsion de mort du capitalisme, on le sait depuis Keynes et Freud. Marx pensait que ce désir infini d'argent, bridé dans la vieille société par les castes et libéré par le capitalisme, permettrait à la bourgeoisie de réaliser l'accumulation débouchant sur le paradis terrestre et l'amour universel des prolétaires. On a vu ce qu'il en était. Il n'imaginait pas que le capitalisme s'accommoderait de la fantastique explosion des classes moyennes qui caractérise les économies actuelles : ces classes moyennes ne survivent pas, comme les prolétaires, mais ont une petite épargne, une petite retraite, un petit pavillon et une grosse espérance de vie. Au capital traditionnel s'est ajoutée l'épargne des classes moyennes, non négligeable dans l'exploitation du travail. Les « marchés », qui terrorisent aujourd'hui les États, ne sont que les créances de retraités ou de rentiers obsédés par leur survie et leur qualité de retraités ou de rentiers. Les « forces productives » ont accouché d'une classe de surprolétaires (ou de sous-capitalistes), autophagiques comme les autres, qui désirent pressurer le travail et détruire la nature pour grignoter quelques mois d'espérance de vie. Le retraité est un travailleur mort :

comme toujours, le capital (le travail mort) exerce une pression morbide sur les actifs (le travail vivant).

21

Oui, le socialisme n'a rien à proposer pour soulager la pulsion de mort, contrairement au capitalisme, qui la transforme perpétuellement en désir d'argent. La vieille société se soulageait dans la prédation et la guerre. Le capitalisme dit : « Enrichissez-vous ! » Que propose le socialisme ? Aimer les autres ? Quel projet ridicule, disait Freud, que de vouloir nous faire aimer ceux que nous haïssons !

22

Marx pensait que l'amour d'autrui naîtrait de lui-même dans un monde débarrassé de la nécessité. Dans ce monde, la contradiction entre le capital (le travail mort) et les salaires (le travail vivant) serait abolie. Le travail, mort ou vivant, lui-même serait aboli. Or c'est un monde de la rareté qui s'annonce, de l'hypercontradiction, de l'hyperconflit entre la mort et la vie, où l'envie de prendre à autrui et de le détruire sera exacerbée. Que propose le socialisme ? S'enrichir personnellement, moralement, dans le malheur et l'ascétisme, nom poli de la pauvreté ? Tout ça pour ça ? Tout ça pour relire Montaigne, dont la lecture n'a jamais calmé ni une ardeur ni un désir ? Ou Pascal, qui n'a jamais diverti et moins encore fait reculer le goût du divertissement ? Tout ça pour « imaginer Sisyphe heureux » ?

23

Pleurons, pleurons. Le socialisme est mort. Il était la pensée du progrès, il ne l'est plus. Le manque, la disette, la pollution, la rareté n'engendreront aucun homme nouveau. Il résolvait la question de la rareté par la « croissance sociale ». Quelle erreur ! Quelle nouvelle abondance propose-t-il aux hommes, sachant que l'abondance matérielle est un leurre ? Une abondance sexuelle, rêvée par Fourier dans son Phalanstère ? Un tourisme low cost et sexuel ? Une Thaïlande plutôt qu'une Thébaïde ? Des films en 3D ? « Plaisir sexuel, seul plaisir prolétaire... », soupirait Marx. Tout ça pour un alcoolisme des corps ?

24

Abondance immatérielle, alors ? Internet ? Linux (tous programmateurs), les blogs (tous journalistes), YouTube (tous cinéastes) ? Les hommes n'ont pas attendu Internet pour rêver infiniment. Dans un monde où la marchandise est rare, l'image donne l'illusion de l'abondance. Abondance virtuelle, pauvreté réelle, au sens où un film érotique se substitue à un acte d'amour.

25

« Socialisme ou barbarie », disaient les anciens... On devine très bien le dessin de la future barbarie, déjà racontée par les écrivains : le monde survivant sur une montagne de déchets, ou l'espèce disparaissant comme le craignait (souhaitait) Lévi-Strauss. Mais quelle alternative ? quel *progrès*, sachant que ce mot est indéfectiblement accolé au socialisme ? La classe moyenne, éduquée, soignée, logée, est un progrès. Comme est un progrès le reflux de l'homophobie, les mariages et l'adoption des enfants par les homosexuels. Comme sera un progrès le respect des animaux, s'il en reste.

## 26

Comme sera un progrès le retour à une société matriarcale, où la pulsion de vie triomphe sur celle de mort. Mais cela est une autre histoire, autrefois contée par les mythes, une merveilleuse histoire, pleine d'espoir, où l'homme est réconcilié avec son animalité. L'amour est le seul lien qui libère. Quels liens libérateurs peut inventer le socialisme ?

## 27

« Avoir le courage d'aimer la vie, et regarder la mort en face », disait le socialiste Jaurès. Mais ni la mort ni le soleil ne peuvent se regarder en face.

# Table

Mis en page par Meta-systems
59100 Roubaix

Achevé d'imprimer
par Dupli-Print à Domont (95)
en janvier 2016
N° d'impression : 2016012754

*Imprimé en France*

N° d'édition : L.01EHQN000657.B007
Dépôt légal : octobre 2012